さらば白人国家アメリカ

町山智浩

講談社

さらば白人国家アメリカ◎目次

第1章　アメリカ機能停止

——2012年12月～2013年11月　保守系シンクタンクの黄昏から巨体の大統領候補まで——

第2章　大麻と肥満と暴力警察
―2014年1月～12月　マリファナ合法化から「黒人の命も大事だ」運動まで―

第3章 トランプの予備選無双
——2015年2月〜12月 史上最悪の大統領の弟から共和党のアイデンティティ・クライシスまで——

第4章 トランプ旋風の正体
——2016年1月〜7月 オバマの涙からトランプの受託演説まで——

プロローグ

ドナルド・トランプの支持者たちは拳銃を提げていた

紺色の空、赤い荒野、緑のサボテン。西部劇そのものの景色が広がるアリゾナ州フェニックス。2016年3月19日昼には気温30度を超えた。

「トランプ！　トランプ！　トランプ！　トランプ！」

シュプレヒコールを叫ぶ数千人のドナルド・トランプ支持者たちが、ファウンテン・ヒルズという新興住宅地の中央公園に集まっている。そのほとんどは白人だ。全米の人口のうち白人は6割だが、**共和党支持者の9割は白人**である。

彼らは「**メイク・アメリカ・グレート・アゲイン**（アメリカを再び偉大に）」というトランプの選挙スローガンが書かれたサインボードを掲げ、それが刺繍《ししゅう》された真っ赤な野球帽をかぶっている。

ここファウンテン・ヒルズは、1990年に砂漠のど真ん中に拓かれた人口2万2000人の新興住宅地。中央広場には、町のシンボルであるファウンテン（噴水）が15分ごとに高さ170メートルの水柱を噴き上げている。

ファウンテンの近くに設置されたステージに、もうすぐ共和党の大統領候補、ドナルド・トランプが現れる。

トランプの選挙スローガンは「メイク・アメリカ・グレート・アゲイン（アメリカを再び偉大に）」

この集会で行われたトランプの演説、聴衆の反応、客層には、トランプがこれほどまでに人気を集めた理由、アメリカの置かれている現状が集約されていた。

不動産王トランプは共和党の大統領候補を決める予備選でトップを独走している。初戦のアイオワ州でこそテッド・クルーズ候補に敗れたものの、その後はニューハンプシャー、サウスカロライナ、ネヴァダ、アラバマ、アーカンソー、ジョージア、マサチューセッツと勝ちまくり、代議員数（ポイントのようなもの）では3月23日現在739。すでに他の候補たち——

ジョージ・W・ブッシュ元大統領の弟ジェブ・ブッシュ前フロリダ州知事や、共和党期待の星と呼ばれたマルコ・ルビオ上院議員はレースを降りた。残る敵はテキサス州上院議員のテッド・クルーズとオハイオ州知事のジョン・ケイシックの二人のみ。だが二番手のクルーズも代議員数465でトランプの半分。このままいけば7月の共和党大会でトランプが共和党の大統領候補に指名されるのは確実と言われている。

共和党の主流派は今、なんとかしてトランプを阻止せんと必死になっている。なぜなら、トランプは、もともと共和党員でも政治家でもない、完全な**アウトサイダー**（部外者）だからだ。

トランプが15年の7月に大統領選に出馬した時、共和党は、単に売名が目的の泡沫《ほうまつ》候補と高をくくっていた。案の定、トランプは討論会や演説で、政治家として致命的な発言を繰り返した。

「メキシコからの不法移民たちは強姦魔と麻薬の売人ばかりだ」

「大統領になったら1100万人の不法移民をすべて国外退去させる」

「メキシコとの国境に万里の長城のような**ゴージャスな壁**を築く！」

トランプの人種差別的な暴言は、リベラル側以上に激しく共和党内で叩かれた。下院議長ポール・ライアンをはじめとする共和党主流派や、右派の論客までがトランプを「憲法違反」「差別主義者」と攻撃した。

共和党系のケーブル・テレビ局「FOXニュース・チャンネル」は、候補者のディベート（討論会）で、トランプを**PC（ポリティカル・コレクトネス。**政治的に正しいこと）ではないと批判したが、トランプは「アメリカはPCを気にしすぎだ。そんなものを気にしてたら中国に勝てない」と開き直った。

トランプが差別発言をすればするほど、共和党内の彼の支持率は上がっていった。3月10日から12日にかけて、英「エコノミスト」誌とリサーチ会社ユーガヴ（YouGov）が2000人を対象に行った最新の調査では、共和党員の過半数がトランプ支持。しかも同調査でトランプ支持者に「彼の人気の理由は何だと思いますか？」と尋ねたところ、最も多い答えは「PCでないこと」（39％）だった。つまり差別発言こそがトランプの最大の魅力になっているのだ。

誰がトランプを支持しているのか。

出馬表明のすぐ後、15年8月にユーガヴ社が行った調査によれば、まず、トランプ支持者の9割は白人。半分は45歳から65歳で、65歳以上も34％。つまり**8割以上が中高**

年だという。**大卒率はわずか19％。**また、**3割以上が一人当たりの年収5万ドル以下。**年収10万ドル以上の高所得者は1割だった。

だが、**トランプ支持者は貧しいわけではない。**16年5月の調査では、トランプ支持者の**世帯年収の平均は7万2000ドル**だった。全米平均では5万6000ドルだから中の上だ。ちなみに民主党の2人の候補ヒラリー・クリントンとバーニー・サンダースの支持者の世帯年収の平均は6万1000ドル。民主党支持者には、都市部のリベラルなインテリも多いが、独身の若者や学生、黒人、メキシコ系の貧しい人々も多いからだ。

まとめると、**トランプ支持者の平均像は、夫婦で年収7万ドル台の中流、中高年の高卒の白人**ということになる。このファウンテン・ヒルズの住民はまさにそれだ。平均年齢53歳。世帯平均年収7万5000ドル。ただ大卒率は45％と高め。そして94％は白人。アリゾナ州はもともとメキシコ領であり、人口の3割近くはメキシコ系なので、この町は西部開拓時代に白人たちが先住民の土地に築いた砦のようなものだ。

ほとんど白髪の白人ばかりの聴衆のなかに、ソンブレロにポンチョという典型的なメキシコ人の扮装をした二人組がいる。よく見ると白人の若者だ。彼らブライアンとアンディは18歳で、今年初めて投票するという。

「不法移民に憤慨しているのでこんな格好をしています。ここから車で3時間南に走った砂漠にメキシコとの国境があるんです。でも低いフェンスが立っているだけなので、その下に穴を掘って、どんどん入ってくるんです。ドラッグもね」

アリゾナ州内の不法移民は30万人といわれる。ここは不法移民問題の最前線なのだ。

「トランプ大統領は、国境に壁を築きます！」

ステージでジャン・ブリュワー元アリゾナ州知事（71）が叫んだ。聴衆は「壁を築け！壁を築け！」とコールで応える。ブリュワー元知事は、白人の金持ちの高齢者に多い、日サロ焼けのガングロおばあちゃん。彼女は知事時代の2010年に不法移民を取り締まる州法SB1070にサインした。警官は「不法移民らしき人」を見たら必ず身分証明書を提示させねばならないとする法律で、中南米系アメリカ人たちから「肌の色で犯罪者扱いする差別法だ」と大規模な反対運動が起こった。連邦司法省もSB1070を最高裁に訴え、違憲判決が下された。

「オバマ政権による**ステイツ・ライツ**（州の自治権）への侵害だ！」

ブリュワー元知事は叫ぶ。州の自治権と連邦制の権力は建国以来、ずっと対立してきた。独立戦争の後、各州を完全な独立国とするか、それとも、その上に中央政府を置くかで争ったのが始まりだ。結局、後者が勝ったのだが、その後も南部各州が奴隷制を続けようとして連邦から離脱しようとして南北戦争が起こった。さらに、奴隷解放後も、南部各州は人種隔離を100年間続けた。ステイツ・ライツの名の下に。

続いて壇上に立ったのは、移民取り締まり法の発起人、ジョー・アーパイオ保安官。彼は「全米で最も不法移民に厳しい保安官」を自称しているが、「ニューヨーク・タイムズ」には「全米最悪の強権保安官」と書かれた。最近では費用削減のために囚人を灼熱の砂漠に立てたテントに収容し、囚人虐待と批判されている。

アーパイオ保安官を聴衆は元州知事以上の大歓声で迎えた。彼も、このファウンテン・ヒルズの住民だからだ。

「レイシスト！　レイシスト！　レイシスト！」

数十人がシュプレヒコールを始めた。反トランプの**プロテスター**（反対者）だ。トランプ支持者と逆に、みんな若く、黒人やメキシコ系、それに女の子が多い。

「この集会を邪魔しようとしている連中がけっこういるな」保安官はプロテスターを指差

して笑った。「さっき3人ばかり拘置所にぶち込んだよ」

会場前の道路にプロテスターが座り込み、交通妨害で逮捕された。そのうち、ハシンタ・ゴンザレス（30）は翌日、テレビに出演し、中南米系アメリカ人だが、不法移民ときめつけられてメキシコに強制送還されそうになったと語った。

さっきから「壁を築け！」とコールし続けている青年がいる。彼が目立つのは、「グレート・アゲイン」と書かれた赤い野球帽をかぶり、レイバンのサングラスに、上半身裸で、背中に「ランボー」と大きく刺青《いれずみ》しているからだ。ランボーのファンなの？

「いや、僕がランボーなんだ！」

え？

「本名がジョン・ランボー。親父がスタローンの映画からつけたんだよ」

ランボー君は27歳。父親と共同で造園会社を経営している。「商売敵は不

「トランプはナチだ」というポスターを掲げるプロテスター（反対者）

法移民を雇って安くコキ使って値段を安くしている。うちはグリーンカードを持っている人しか雇わないから価格競争で負けちゃうんだ」ランボー君は肩をすくめた。

「神はトランプを愛している」という手書きのプラカードを持ったおじいさんがいる。ジョンさん（75）は引退して地元の教会の手伝いをしているという。「私は**福音派キリスト教徒**です」

福音派はアメリカの人口の25％を占める聖書原理主義的キリスト教徒。南部に多く住み、60年代まで政治とは無縁だったが、70年代から選挙に動員されるようになった。73年に最高裁が、人工中絶を合法とする判決を下したので、聖書の教えに従って中絶を再び違法化するためだ。法律を変えるには最高裁を変える必要があるが、最高裁判事を任命できるのは大統領だけ。なら、福音派の力で大統領を選ぼうと、投票に動き出したのだ。１９８０年にロナルド・レーガンが福音派の支持を得て大統領になって以来、福音派は共和党を支える最大の票田となってきた。

でも、ジョンさんが福音派なら、なぜ、福音派のテッド・クルーズやベン・カーソン候補を支持しないんですか？　トランプは一度も熱心なクリスチャンだったことはないし、浮気して離婚したり、人工中絶を支持していたり、福音派とはかけ離れた人でしょう？

「クルーズは福音派すぎるからです」

え？

「クルーズは福音派以外の支持をまったく集めていません。たとえ予備選で勝っても、本選で勝てないでしょう。必要なのは勝って大統領になって改革を実現する候補です。たしかにトランプはクリスチャンといえませんが、福音派の教えを実現すると公約しています。そもそもレーガンも福音派ではありませんでしたが、約束してくれたんですよ」

ジョンさんと話していると、聴衆が一斉にざわめいた。トランプがステージに上がったのだ。巨大モニターに真っ赤な「グレート・アゲイン」帽をかぶったトランプが映し出され、ダミ声でがなり始めた。

「アリゾナ州民が不法移民のギャングに殺されている！　そんなことはもう私が壁を築いて終わらせる！」

実際の話、不法移民による暴力犯罪は多いのだろうか？

1990年から2013年にかけてアメリカ国内の不法移民の数は350万人から1100万人へと3倍に増加している。ところが、同じ期間に全米の殺人や傷害などの暴力犯罪の数は48％に減った。**アメリカの暴力犯罪件数は現在も減り続けている。**

サポーターの「トランプ」コールと、プロテスターの「レイシスト」コールで会場は騒然。サポーターの中には、プロテスターを突き飛ばすなどの暴力を加える者もいるが、プロテスターたちは一ヵ所に固まって、互いに身を守っている。

「リベラル・ビッチ！」

そう叫んで、でっぷり太った白いヒゲの男性が、プロテスターの少女の足元に唾を吐きかけた。彼のベルトには装弾数17発のグロック自動拳銃と弾倉がささっている。銃を持っているのは彼だけではない。拳銃どころか、AR－15やAK－47型のアサルト・ライフル（突撃銃）を肩から下げた人もいる。アサルト・ライフルは戦争で歩兵が使うために開発された銃で、マシンガンのような全自動機能こそ禁じられているが、半自動でも30発の弾丸を20秒以内で撃ち尽くすことができる。今、目の前にいる彼がやる気にさえなれば、一瞬でここに死体の山ができる。実際、アメリカでは一年間に300件以上の乱射（不特定多数を狙って撃つ）事件が起こっている。殺人事件全体の数は減っているものの、乱射事件の件数は近年増加している。

彼らのように銃をむき出しで携帯することを**オープン・キャリー**と呼ぶ。オープン・キャリーは、アメリカのほとんど全部の州で許されている。拳銃でなくて、アサルト・ライフルでも肩からぶら下げたまま、日曜日の歩行者天国にも、ショッピングモールにも、子供連れであふれる公園にも行ける。禁じられているのはカリフォルニア、フロリダ、ニューヨークなど海外からの観光客が来る州だけだ。

銃を持ったトランプ支持者と反トランプのプロテスターがにらみ合う一触即発の状況を警備するため、地元警察はアサルト・ライフルと防弾チョッキで武装したＳＷＡＴと装甲車まで出動させている。

「私は**憲法修正第２条**を守り抜く！」

トランプがいう修正第2条とは、政府に抵抗するために市民が銃で武装する権利を定めた法。アメリカの独立戦争中、宗主国イギリスと戦うアメリカのゲリラの武装を認めるために追加された条項だ。

「パリでは、テロで１３０人も撃ち殺されて誰も一発も撃ち返さなかった」トランプが言う。「そんなことはここ（アリゾナ）では起こらない！」

先のグロック氏が「うぉ〜！」と雄叫びを上げて天に拳を突き出す。アメリカで乱射事件に使われる銃の9割は合法的に購入したものだ。だからオバマ政権は連邦法で銃器購入者の犯罪歴や精神病歴のチェックを義務付けているが、各州はステイツ・ライツを盾にそれに逆らってチェックなしで銃を売っている。ここアリゾナ州でも、前科や病歴チェックなしで誰でも銃が買える。グロックの彼は強盗か精神病患者かもしれない。

プロテスターのなかに、なぜか「グレート・アゲイン」帽を被ったメキシコ系の青年がいる。いや、よく見ると「メイク・ドナルド・ドランフ・アゲイン」と書いてある。トランプの祖父はドランフというドイツ移民だった。その帽子はパロディで「自分も移民の息子だったことを思い出せ」という意味だ。まあ、アメリカ人はたいていそうなのだが。逆にアリゾナは米墨戦争でアメリカが強奪するまでメキシコの領土だった。

そもそも、08年の金融危機以降、メキシコからの**不法移民は、減り続けている**。取り締まりの強化や、単純作業の仕事が減ったからだと分析されている。ドラッグの流入も、マリファナの解禁や大物ボスの逮捕が功を奏して、一時期ほどの勢いではない。トランプはメキシコをスケープゴートとして利用しているだけだ。かつてヒットラーがユダヤ人をそうしたように。

国境に万里の長城を築くという公約にも現実味がない。高さ10メートルの壁を国境線1600キロに建てる場合、建設費はCNBCテレビの試算によれば250億ドルという。そんな金がいったいどこから出るというのか。

「壁の費用はメキシコ政府に払わせろ」とトランプは言う。「アメリカはメキシコに対して５８０億ドルも貿易赤字があるんだから」

もちろんメキシコ政府は絶対に払わないと言っている。払うはずがない。トランプも本気で壁ができるとは思っていないだろう。

ただ、彼は知っているのだ。敵を設定し、憎しみを煽《あお》り、戦時的ムードを作り出せば、人々は強力なリーダーシップを求めることを。「軍隊を最強にしてＩＳ（イスラム国）を叩き潰す！」トランプは真っ赤な顔で拳を激しく振り回す。先日は核兵器使用も辞さないと発言した。

「シリア難民は絶対に受け入れない！**いかなるイスラム教徒の入国も禁じる！**」

プロテスターが「ノー、イスラモフォビア（イスラム恐怖症）！」と叫ぶ。サポーターが「お前らＩＳに入

「賢い高齢者はトランプ好き」のメッセージ。集会は白人で埋め尽くされた

れ！」と罵声を飛ばす。

「**オバマケア**を廃止する！　もっとベターな医療保険制度に変える！」

オバマケアとはオバマ大統領が10年にサインした医療保険改革に共和党がつけた呼び名。トランプが怒鳴ると、「賢い高齢者はトランプ好き」と書いたプラカードを持ったおばあちゃんが飛び跳ねて喜んでいる。彼女はジュディさん（78）、かつてホテル・ビジネスをしていたが既に引退している。

「ずっと民主党支持だったけど、オバマケアがきっかけでやめたの」

アメリカには先進国で唯一、公的医療保険制度がなかった。国民の8割は民間の医療保険に入っていたが、失業者は保険を失い、既存症を持つ者は加入を断られた。そこでオバマ政権は保険料の一部を税金で負担し、国民すべてに医療保険に入ることを義務付けた。

「私が税金を払って来たのは、働かない人の保険料を負担するためじゃないわ。メディケアのためよ」

メディケアとはリタイアした高齢者のため政府が税金で運営する医療保険扶助制度。

「オバマケアにメディケアのお金が取られるって**FOXニュース**が教えてくれたの」

FOXニュース・チャンネルは、ニュース専門ケーブル・テレビ局の業界トップ。40

0万人といわれる視聴者の過半数はジュディさんのような68歳以上の白人。ニュース・チャンネルというが、その内容は共和党の堂々たるプロパガンダである。

FOXの総帥はオーストラリア出身のメディア王ルパート・マードック。87年にレーガン政権が規制緩和の一環で放送メディアの不偏不党原則を撤廃すると、マードックはFOXニュースを開局し、レーガンのメディア戦略家だったロジャー・エイルズをCEOに据えた。

01年、ブッシュ政権が9・11テロの黒幕としてイラク攻撃を準備すると、FOXはそれを後押しして戦争への世論を作り上げた。ブッシュがイラクは大量破壊兵器を持っていると主張すると、それがもう見つかったかのように報道した。どちらも事実でなかったのだが。

08年にオバマが大統領候補になると、FOXは「オバマはイスラム教徒」「黒人民族主義者」「テロリストの弟子」などのデマで中傷した。大統領になったオバマが医療保険改革を打ち出すと「国民皆保険制度は共産主義」「医療費を不法移民や貧困層に回すために老人は見殺しにされる」など、普通に考えればありえない陰謀論を繰り返して視聴者の恐怖を煽った。ジュディさんも煽られた一人なのだろう。

FOXの恐怖戦術をトランプが取り込んだ。11年、トランプは翌年の大統領選出馬をほのめかし、「オバマは本当はケニア生まれだから大統領の資格がない」と騒いだ。オバマの出生地（バース・プレイス）を疑う陰謀論者を「**バーサーズ**」と呼ぶ。それはFOXニュースがさかんに報じていたことだ。オバマを取り上げたハワイの産婦人科による出生証明書が公表されて、バーサーズは沈静化し、トランプは出馬を取りやめたが、今回、出馬した後、9月の調査ではトランプ支持者の6割がいまもオバマはケニア生まれだと信じていた。

「それで私は**ティーパーティ**に参加したの」とジュディさんは言う。そう、10年、ジョージア州アトランタのティーパーティ集会を取材した時も、ジュディさんみたいな白人の老人ばかりだった。アトランタ住民の過半数は黒人なのに。

09年にオバマが大統領に就任すると、「ティーパーティ」運動が発生した。植民地時代のアメリカ人が宗主国イギリスの重税に抗議したボストン茶会事件を真似て、オバマの目指す富裕層への増税とオバマケアに反対する保守派グループだ。

ティーパーティは最初、草の根の市民運動と報道されたが、10年に「ニューヨーカー」誌の潜入取材で正体が暴かれた。実は石油化学コングロマリットのコーク産業が資金を出して組織したアストロターフ（人工芝、ニセ草の根）団体だった。オバマは１３００万人の小口寄付者から総額９５００万ドルの選挙資金を集めて圧勝したが、共和党を支える大富豪や大企業がいくら莫大な寄付をしたくても法律で限度額が定められている。そこで作られたのがティーパーティだった。

ティーパーティの黒幕コーク産業は**コーク兄弟**が経営している。弟のデヴィッドは80年の大統領選挙に副大統領候補として第三党から出馬したが惨敗したので、共和党内部から主導権を握る戦略に切り替えた。

ティーパーティは12年の上下院議員の共和党予備選で、各州で新人候補を擁立して、主流派やベテラン議員にぶつけた。彼らティーパーティ候補は累進課税の廃止など過激に右寄りの主張を掲げ、主流派を「フヌケだ」「穏健すぎる」「ＲＩＮＯ《ライノ》（Republican In Name Only：名前だけの共和党員）」と激しく攻撃して票を集め、彼らの議席を奪ってしまった。今回の大統領予備選で、トランプのライバルとして2番手に食らいついているテッド・クルーズもティーパーティ候補として上院議員の座を勝ち取った。

しかし、ティーパーティはもう、ない。政治に金を投じる隠れ蓑が必要なくなったからだ。

10年、最高裁が法人も「人」として政治に参加する権利があるという画期的な判決を下した。この判決によって、PAC（政治活動委員会）という応援団体なら献金の額の上限がなくなった。そして、数千万ドルを集める巨大PAC、いわゆる**スーパーPAC**が乱立した。12年の共和党予備選はスーパーPACがライバル候補の中傷CMを流し合う金まみれ選挙になった。今回の選挙でも、たとえばコーク兄弟は9億ドルを投入して、今度こそ共和党に政権を奪取させると宣言していた。

「でも、最近はFOX観てないわ」ジュディさんは言う。「トランプ叩きがひどいから」。

FOXは自分が操れない暴れ馬トランプを潰そうとした。「共和党員じゃない」「ニセ保守だ。騙されるな」と必死で視聴者に訴えた。FOXが主催したテレビ討論会でもトランプにだけ「いつから共和党になったんですか？」など、矢のような質問を浴びせて追い詰めた。しかし、トランプは一歩もひかず、かえって支持率を上げただけではなく、FOX主催の討論会を「私を潰すのが目的だから」とボイコットしてしまった。共和党の大スポンサー、FOXに後足で砂をかけたのだ。

キングメイカーとしての面目をつぶされた総帥ルパート・マードックは1月22日、マイケル・ブルームバーグ前ニューヨーク市長に出馬を打診した。金融情報誌で財をなしたブルームバーグはトランプと同じくニューヨークの大富豪。元民主党員だが市長選に出る際、共和党に鞍替えしたのも似ている。マードックは彼に第三党からの出馬を示唆した。ブルームバーグは答えを保留したが、3月に断念した。勝ち目がないからだろう。

「私は共和党の**エスタブリッシュメントども**には負けない！」

トランプは空に向かって拳を突き上げる。エスタブリッシュメントには「主流派」「既得権者」「支配階級」などの意味があるが、トランプがここで具体的に指しているのは、親子三代で政財界に君臨してきたブッシュ一家、ウォール街の大物ミット・ロムニー、妻が所属するシンクタンク、ヘリテージ財団を通じて財界と強いつながりがあるミッチ・マコネル上院院内総務、富裕層への増税や金融業界への規制に反対してきたジョン・ベイナー前下院議長など。彼らは、大企業や大富豪の寄付を得て、彼らの利権を守る、「東部の金持ちの党」としての、結党以来の共和党の伝統的な政治家たちで、「穏健派」として党内右派から攻撃されながらも、資金力を背景に、共和党を支配してきた。その足をすくったのがトランプだ。

「下院議長のポール・ライアンはサウスカロライナの予備選でテッド・クルーズ候補を応援した。奴らは**キリスト教福音派**で、サウスカロライナ州の6割は福音派だからだ」

トランプは言う。「だが、福音派はクルーズではなく私に投票した。福音派は嘘が嫌いだからだ！　クルーズはキューバ移民の息子で、カナダ生まれの嘘つき野郎だ！」

トランプはずっとクルーズを「ライイン・テッド（嘘つきテッド）」と呼んできた。彼は福音派であることを強調しながら、ティーパーティ議員としてコーク兄弟の支援を受け、妻が取締役を務めるゴールドマン・サックスをはじめ、ウォール街からも多額の寄付を得てきた。それをトランプはずっと批判してきた。

「私は誰からももらってない！　持ち出しだ！」

トランプは民主党も含めた全候補の中で最も金を使わないケチケチ選挙をしている。放っておいてもテレビが自分を放送してくれるのでCMもあまりしない。戸別訪問や電話攻勢もしない。ヒラリーは800人ものスタッフで予備選を戦っているが、トランプの選対はたった100人しかいない。

「ジェブ・ブッシュはスーパーPACで1億1800万ドルも集めてボロ負けして消えた！」

欺瞞《ぎまん》を暴かれ、党員の支持を失っていく共和党エスタブリッシュメントは、7月7日の党大会までになんとかトランプを降ろそうとしている。

「ミット・ロムニーは私よりもヒラリーを支持すると言いやがった！　12年の大統領選で私が推薦してやった恩を忘れたのか！　オバマにボロ負けしたくせに！」

だが、共和党が無理にトランプを降ろせば党員の意思を裏切ることになり、党は解体の危機に陥る。民主党が同じようにして大暴動が起こった1968年シカゴ党大会の再現になるかもしれない。

もし、共和党がトランプ以外の候補を立てたらどうしますか？　小学生の息子を連れてきている電気工事士のジェフさん（55）にたずねた。

「絶対に投票しないね！」

たくましい腕で息子の頭を手のひらで押しながら彼は答えた。

「今まで私は、ずっと共和党に投票してきた。中絶や同性婚を禁じ、キリスト教や銃を持つ権利を守るというから。でも、当選した共和党の政治家たちは金持ち向けの政治ばかりしてきた」

トランプが呼びかける。「あなたがた**サイレント・マジョリティ**（声なき大衆）はもはやサイレントではない！」

絶叫で応える聴衆。1968年、大統領選に立候補した共和党のリチャード・ニクソンは「ベトナム戦争を続ける私に反対する人々はラウドだがマイノリティだ。サイレント・マジョリティは私を支持する」と言った。

サイレント・マジョリティとは具体的には、南部や中西部の**白人ブルーカラー**(労働者)を意味する。彼らは伝統的には民主党支持だったが、公民権法で黒人の権利を認めた民主党に反発していたのを、ニクソンが取り込んだ。これを「**南部戦略**」と呼ぶ。

サイレント・マジョリティと福音派の票に支えられた共和党は、80年代の「レーガン革命」または「保守革命」を成し遂げた。新自由主義経済を掲げたレーガンは「**小さな政府**」を目指し、福祉や公共事業を削減した。自由市場競争の活性化のために、企業への規制を緩和し、富裕層の税金を軽減した。その後も今まで「保守体制」は続いた。民主党のクリントンやオバマが大統領になっても共和党に多数支配された議会に阻まれて、何も変えられなかった。

かくしてレーガン政権以降、大企業はより巨大化し、中小はつぶれた。工場は低賃金の外国に移転し、外国の安い製品を輸入し、企業は利益率を高めたが、国内の労働者は職を失った。富裕層の税率は5割から3割に減ったが、最低賃金は上がらず、格差は広がり、上位1パーセントの富豪たちがアメリカの富の4割を独占する現状になった。

「中国やメキシコはあなたがたアメリカの労働者から仕事を奪った！」トランプは叫ぶ。

「だが、私はあいつらを野放しにしたアメリカの連中のほうを憎む！」

それはブッシュ父子を意味している。メキシコに仕事が流出したのはクリントンが調印したNAFTA（北米自由貿易協定）のせいだが、実際に条約締結のために尽力したのは父ブッシュ大統領だった。また、アメリカの中国からの輸入量が爆発的に膨れ上がったのは、WTO（世界貿易機構）に加盟した後、2000年以降だが、それに対してジョージ・W・ブッシュ政権は何の対策も講じなかった。

「私はもうナビスコのクッキーを食べない！　あいつらは工場をメキシコに移しやがった。もう、そんなことはさせない！」

人件費の安い国外に工場を移せば、企業の利益は大きくなる。共和党は常に経営者の利益を重視し、**自由貿易**を推奨してきた。それに対してトランプは米国内の労働者の仕事を守るために国外への工場移転を規制すると言う。その政策は**保護貿易**であり、本来、民主党のものだ。

「ジェブ・ブッシュは『トランプの言うことは、共和党が党是とする自由貿易に反する』

と批判したが、知ったことか！」トランプは予備選でブッシュ父子を徹底的に潰した。サウスカロライナ州の討論会ではジェブ・ブッシュに「あんたの兄貴が国民を騙してイラク戦争をやらかした」とズバリ言ってのけたが、トランプは同州で圧勝した。党員たちは騙された事実を認めたわけだ。

ブッシュの外交政策は、レーガン以降の共和党が掲げてきた「強いアメリカ」に基づくもので、トランプも「強いアメリカ」を復活させるとは言うが、日本と韓国、ＮＡＴＯ各国に安全保障を自己負担させようと主張している。つまり「世界の警察」からの撤退案だが、トランプ支持者はそれを求めている。彼らにとって世界とは遠い遠い、自分とは無関係なものだ。アメリカ人の8割はパスポートを持たず、兵隊にならない限り、一生に一度も外国旅行しない。ここアリゾナなど、南部や中西部には外国からの観光客はほとんど訪れない。見かける外国人の多くは不法移民か難民だけなのだ。それで世界のことなんか気にするわけがない。

貿易や外交だけではなく、オバマケアについてもトランプは共和党と政策が違う。共和党は完全撤廃を主張する。国民皆保険制度そのものが自由市場主義というイデオロギーに反するからだ。だが、トランプが求めるのは全廃ではなく「もっと安価で選択肢の多い国民皆保険制度に変える」という。庶民が求めているのはもちろん後者だ。トランプはイデオロギーにも現実性にも国際情勢にも頓着《とんちゃく》せず、ただ庶民の求める政策だけを提示する。そんな**ポピュリズム**に、金持ち優遇の共和党の政治家たちが勝てるわけがない。

マーケティングのプロであるトランプは的確にサイレント・マジョリティのニーズをつかみ、彼らを共和党から奪い取った。だが、予備選は制しても、本選ではどうか。「アメリカを再び偉大に」というスローガンは白人にしか響かない。アメリカが昔のほうが良かったのは白人だけで、黒人もラテン系もアジア系も過去より今のほうが確実に生活や立場が良くなっているからだ。

それに白人の人口は減り続けている。１９８０年に人口の8割を占めた白人は、現在は62％にすぎない。わずか27年後の２０４３年には白人が全人口の半分を切りマイノリティに転落する。その恐怖が人種差別的なトランプへの支持につながっている。

トランプ現象はアメリカの様々な対立や矛盾から生まれてきた。共和党と民主党、自由と平等、白人と非白人、富裕層と貧困層、田舎と都会、ブルーカラーとハイテク、グローバリゼーションと排外主義……。そして、これらの対立は、アメリカの民主主義と資本主義を手本にしてきた日本にとっても決して他人事ではない。

ここまで太字で強調してきた言葉は、現在のアメリカを理解するキーワードです。ここからは筆者が2012年から月刊誌「クーリエ・ジャポン」その他にリアルタイムで発表してきたエッセイを時間軸通りに採録することで、それらのキーワードを詳細に具体的に解説し、2016年大統領選への道をたどっていきます。

第1章

アメリカ機能停止

2012年12月〜2013年11月
保守系シンクタンクの黄昏から巨体の大統領候補まで

アメリカを操ってきたもの①

レーガンとブッシュを操ったシンクタンク《シンクタンク》、ヘリテージ財団と、ストレンジラブ博士が作ったハドソン研究所

２０１２年12月

日本で新聞や週刊誌、テレビなどに登場してアメリカ政治を語る人の肩書には、ヘリテージ財団やハドソン研究所などのシンクタンクの名をよく見かける。これらを、日本の総研などと同じようなものと思ったら大間違いだ。時には大統領以上にアメリカ、いや世界の運命を操ってきた組織なのだから。

「上院議員よりも大きな力を持つ」？

２０１２年12月6日、上院議員のジム・デミント（サウスカロライナ州選出・共和党）が突然の辞意を表明した。ヘリテージ財団の責任者に就任するためだという。ＦＯＸニュースに出演したデミントは、今回の大統領選で共和党のミット・ロムニーが負けたことで、保守的な政策をもっと国民に理解させる必要を感じたからシンクタンクに転職すると語った。なぜなら「ヘリテージの責任者は、上院議員よりも大きな力を持つ地位だ」と彼は言う。

共和党上院議員の職を辞してヘリテージ財団の所長に就いたジム・デミント

そう、アメリカのシンクタンクは上院議員よりも力がある。「フォーリン・ポリシー」誌の「アメリカで最も影響力のあるシンクタンク」に選ばれたヘリテージ財団（73年設立）は、81年に発行した『指導者のための指図書』で広くその名を知られた。アメリカではフランクリン・ローズヴェルト政権以降、ケインズ経済学に基づく福祉重視のニューディール政策が続いてきたが、ヘリテージは反ケインズの経済学者ミルトン・フリードマンやフリードリヒ・ハイエクが提唱した反福祉・反規制・富裕層への減税・小さな政府などを中心にした、いわゆる新自由主義の経済政策を打ち出した。これがロナルド・レーガン政権に採用され、その後30年近く、アメリカの政策の指針になったのだ。

レーガン政権は経済政策だけでなく、軍事や外交もヘリテージの研究に従った。中南米への軍事介入、スター・ウォーズ計画などである。93年に民主党のビル・クリントンが大統領になっても同財団の影響力は増すばかりだった。94年の中間選挙で、共和党の下院党内幹事だったニュート・ギングリッチはヘリテージの指導を受け、小さな政府を目指す政策方針「アメリカとの契約」を作成し、これに従って民主党を批判して上下院で圧勝。福祉の削減や規制緩和などをクリントンに突きつけて実行させた。

ロビイストが政治家のために献金や票の取りまとめを行うように、シンクタンクは政治家の代わりに政策を考える。なかでもヘリテージは要点だけをわかりやすくまとめた報告書を作成するので、他のシンクタンクの難解で冗長な報告書よりも影響力があった。

ジョージ・W・ブッシュ政権にいたっては、「ヘリテージがブッシュのプレイブック

（アメリカン・フットボールの作戦書）」と言われたほど、彼らの方針に従って富裕層への減税や中東政策を実行した。04年の大統領選挙で、ブッシュは同性の結婚を憲法で禁止したいと言い出して、キリスト教福音派の票を集めたが、同性婚禁止法案をブッシュに提案したのもヘリテージ財団だった。07年11月、同財団の35周年記念パーティに出席したブッシュはこう演説した。

「今から50年後の大統領は、ヘリテージ財団が21世紀の第1章を書いたことに感謝するだろう」

大企業のための政策

こうしたシンクタンクは、誰のために、どうやって運営されているのか？

ヘリテージの年間予算は8000万ドル、デミントの年俸は1億円を超える。金を出しているのは、もちろん大企業以外にない。

ちなみにヘリテージ財団に資金を提供しているのは、ＡＩＧやオールステートなどの各種保険会社、シェヴロンやエクソンモービルなどの石油会社、ボーイングやロッキードなどの航空機会社、ファイザー、グラクソ、ノヴァーティスなどの医薬品会社などだ。

だからヘリテージは、それら大企業の利益になるような研究をする。たとえば証券会社の寄付を受けたシンクタンクは、規制緩和が経済活性化に有効だとする論文を作り、タバコ会社の寄付を受ければタバコと肺ガンは関係ないという研究をする。保険会社のためにバラク・オバマ大統領の医療保険改革を攻撃する理論を構築する。

特に、シンクタンクに多額の寄付をしているのは石油産業だ。現在、世界の課題となっているCO_2規制は石油化学産業の商売の邪魔なので、地球温暖化をなんとかして否定しなければならない。09年、クライメートゲート事件が起こった。「地球温暖化はイギリスの科学者がデータを改竄したデッチ上げ」とするスキャンダルだ。このデッチ上げ説を世間に広めたのはケイトー研究所というシンクタンクだった。ケイトーの大口出資者は、石油化学コングロマリットの大手、コーク産業だった。

そうしたスポンサーとシンクタンクの関係性を知らない人々やメディアが、彼らの情報を鵜呑みにして情報を拡散する。クライメートゲート事件は裏に石油化学業者がいることが報じられないまま、世界中に広まってしまった。英国政府はこの件を調査し、「データ改竄《かいざん》などの不正はなかった」と正式に発表したが、そちらのほうはあまり報道されず、今でも「地球温暖化デッチ上げ説」を信じている人は多い。コーク産業の思惑通りだ。
リベラルなシンクタンクも存在はする。労働者や貧困者、マイノリティのための研究をする彼らは貧困層の救済方法を提案する。ただ、その力は大資本に支えられたヘリテージなどと比べるとはるかに微弱だ。そんなリベラル系経済シンクタンク、ＥＰＩ（経済政治研究所）とヘリテージが、オバマとロムニーの大統領選ディベートを巡って、論争を展開したことがある。

09年、オバマは中国の安すぎるタイヤに対して関税をかけた。アメリカのタイヤ業者を守るためだ。10月22日のディベートで、ロムニーはオバマの中国への関税を「保護貿易主義で、自由市場への抑圧だ」と批判した。CNNは2人の論を検討するため、ＥＰＩによる次のようなデータを引用した。アメリカの対中貿易赤字はブッシュ政権発足の01年から急増したが、それは中国がＷＴＯ（世界貿易機関）に加盟した年だった。中国のＷＴＯ加盟をブッシュ政権に推薦したのはヘリテージ財団だった。それからの10年間で２７０万のアメリカの労働者の職が失われた。だからオバマの中国への関税はアメリカを守るために妥当であるとＥＰＩは主張する。

するとヘリテージの研究員デレク・シザーズが「ＥＰＩが出した２７０万という数字は

多すぎる」と批判した。

「なぜなら中国からの衣料品やオモチャの輸入にも、その輸送、在庫管理、小売などでアメリカ人50万人が従事している。それをEPIは計算していない」

すぐにEPIのロバート・E・スコット博士が反論した。

「50万人を計算に入れなかったのは、アメリカ国内で衣料品やオモチャを製造し続けても、その50万人の雇用は変わらないからだ」

そりゃそうだ。無理な理屈をこねてまでヘリテージが中国を擁護するのは、中国のWTO加盟に賛成し、中国製品の輸入を拡大したのがヘリテージ自身だからだ。その政策を提唱したのはエレイン・チャオという中国系のエコノミストだった。彼女の夫は共和党の上院院内総務のミッチ・マコネルで、チャオはブッシュ政権で労働大臣に任命され、中国からの輸入超過を放任し、アメリカの労働者から仕事を奪い続けた。ブッシュ政権の甘い中国政策は中国の経済を大躍進させたのだ。

一方EPIや民主党は米国内の労働者を保護するため、中国製品への規制を求めている。ところが日本のメディアでは逆に「民主党は親中」と報じられている。それは情報源が保守系シンクタンクの関係者に偏っているからではないか。

「世界破滅装置」を発案した、ガンダムのキャラクターのモデル

そんな保守系ジャーナリストの一人に日高義樹氏がいる。『オバマ外交で沈没する日本』『ロムニー大統領で日米新時代へ』などの著書でオバマ批判と共和党賛美を続けてきた彼が首席研究員を務めるハドソン研究所も、ブッシュ政権の外交政策に影響を与えてきた。

ハドソン研究所の設立者ハーマン・カーンは、米ソ冷戦時代に戦略理論家として「ドゥームズデイ（世界破滅）装置」を発案したことで有名だ。敵から一発でも核攻撃を受けたら、保有する全核兵器が自動的に作動して地球を丸ごと壊滅させるシステムで、これによって敵は攻撃できなくなる究極の核抑止力だ。映画監督のスタンリー・キューブリックはハーマン・カーンに直接会見し、一歩間違えば世界を滅ぼすアイディアを嬉々として語るカーンにショックを受け、自分の映画『博士の異常な愛情または私は如何にして心配するのを止めて水爆を愛するようになったか』（64年）に「ドゥームズデイ・マシン」を登場させ、カーンをモデルにして核兵器をこよなく愛するストレンジラブ博士を造形した。また、アニメ『機動戦士Zガンダム』で地球連邦に戦争をしかける女戦士ハマーン・

カーンの名前のモデルでもある。

日高氏は著書『なぜアメリカは日本に二発の原爆を落としたのか』で、民主党のローズヴェルトとハリー・トルーマンによる広島・長崎への原爆投下はアメリカによる人体実験であると断罪しながら、核兵器の時代に日本が国家として自立するには核武装が必要だ、と主張する。それはドゥームズデイ装置の思想ではないか。

いずれにせよ、ヘリテージやハドソンがブッシュにやらせたイラク攻撃も、金融市場や中国の放任も、結果として大失敗だった。にもかかわらず依然として日本は、そちら系からの情報に踊らされ続けている。12年の大統領選で彼らのバイアスがかかったロムニー勝利予想が無残に外れたことで、日本のメディアも保守系シンクタンクの黄昏《たそがれ》に気づいたほうがいい。

アメリカを操ってきたもの②　ＮＲＡ（全米ライフル協会）

「学校での乱射事件を防ぐには、教師が全員銃で武装しろ」って？

２０１３年１月

ピアース・モーガンは英国出身のテレビキャスター。ソフトな人当たりの良さで好感度が高く、２０１１年１月からアメリカのＣＮＮでインタビュー番組を任された。そのモーガンを国外追放せよ、という署名運動が始まった。彼が合衆国憲法を冒瀆《ぼうとく》したというのだ。

12年12月18日の番組で、モーガンはＧＯＡ（アメリカ銃所持者協会）の会長ラリー・プラットと銃規制について議論した。その４日前、コネティカット州のサンディーフック小学校に侵入したアダム・ランザ（20）が銃を乱射し、26人の子供と先生を殺す惨劇が起こったからだ。

同じ年の7月にもコロラド州オーロラの映画館でジェームズ・イーガン・ホームズ(25)が70人を撃ってそのうち12人を殺した。どちらの犯人も装弾数が多いAR-15タイプのアサルト・ライフル(突撃銃)を使った。米軍の制式銃M4と同系列のライフルで、ランザは30連発、ホームズはなんと100連発の弾倉をつけていた。

アサルト・ライフルは狩猟や護身用ではなく、戦闘用の銃である。そんなものをなぜ個人が所有していいのか? だから、アサルト・ライフルと10発以上の弾丸が入る弾倉の販売を規制しようという声が、やっとアメリカにも出てきた。すると、銃所持の自由を守ろうとする勢力は一斉に、トンデモないことを言い出した。

「今回のような事件は、銃が多いから起きたのではない。銃が少ないから起きたのだ」

アメリカでは学校の周辺は「ガン・フリー・ゾーン」とされ、警察官と警備員以外は銃を持ち込めない。また、サンディーフック小学校のある地域は閑静な高級住宅地で、銃所持者が少なかった。

「もし、あの小学校の校長がM4突撃銃を持っていたら……」

テキサス州の下院議員ルイ・ゴーマート(共和党)はテレビでこう言った。

「乱射が始まる前に犯人の頭を吹き飛ばしていただろう」

ちなみに犯人に射殺された校長先生は47歳の女性。そんな先生にまで射撃訓練させせろと言うのか？　ここは核戦争後の無法地帯か何かなのか？

ゴーマートの他にも、バージニア州知事ボブ・マクドネル、テネシー州知事ビル・ハスラム、同州上院議員フランク・ナイスリーなどが「もっと銃があれば乱射は防げる」と主張した。彼らはいずれも共和党。銃所有者はキリスト教福音派に次ぐ共和党の票田だ。全米の世帯の半分が銃を所有しているといわれている。だから、04年の民主党の大統領候補ジョン・ケリーも、08年に立候補したオバマも選挙中は猟銃を撃つパフォーマンスをして銃所有者の味方であるとアピールしなければならなかった。

会員数30万人のGOAの会長で元バージニア州議員のラリー・プラット（共和党）も「すべての教師が銃を携行すべきだ」と言った。「すべて」！　そのプラットにモーガンは番組でインタビューした。

「今回の事件のように銃を持った悪い奴らに対抗するには善い人も銃を持てばいい」と言うプラットにモーガンは驚く。

「腰に銃をぶら提げた教師が6歳の子供たちに授業するんですか？」

プラットは「悪いのは銃じゃない。人間だ」と言う。

無茶な理論で銃を擁護するプラットにモーガンは激しく反論する。

「でも人を殺すのは銃です！　アメリカでは年間1万2000人も銃で死にます。私の国、英国では銃で死ぬ人がほとんどいません。銃がないからですよ」

モーガンに何を言われてもプラットは意地悪く微笑むだけ。

「そのニヤニヤ笑いをやめてください！　子供たちが死んでるんですよ！」

とうとうモーガンはぶちキレてしまい、「あなたは本当に愚劣で、危険な人間だ！」とプラットに本音をぶつけた。

「憲法修正第2条を批判する英国人を追放しろ！」

この放送の直後、ホワイトハウスの公式サイトでモーガンの国外追放を求める署名運動が始まった。オバマ政権は発足してすぐに、一般の人々が政策や法案を提案できるサイトを立ち上げた。そこで2万5000以上の署名が集まったら、実際に政治の場で検討することになっている。モーガンの国外追放署名の理由にはこう書かれている。

「英国人のピアース・モーガンは合衆国憲法修正第2条を攻撃している」

憲法修正第2条は「規律ある民兵は、自由な国家の安全にとって必要であるから、市民が武器を保有し、また携帯する権利は、これを侵してはならない」という条項。アメリカは英国に対して革命を起こして建国したが、反乱軍は基本的に民兵、つまりゲリラだった。だから彼らの武装を法的に守るためにこの条項がある。アメリカが銃所持の権利を守っているのは、狩猟や護身のためではない。政府に武力で抵抗する権利を憲法が認めているわけだ。ならば、戦争用のアサルト・ライフルの所持は認められて当然、というロジックになる。

署名を呼び掛けたカート・ニモはユダヤ陰謀論ライター。「政府はユダヤのシオニストどもにコントロールされている。国民がそれに抵抗できないように、オバマ大統領は銃を取り上げようと企んでいる」と主張する。一方、会員数430万人のNRA（全米ライフル協会）のウェイン・ラピエール副会長は「ナチは市民が銃を持つ権利を規制した。もしユダヤ人が銃で武装していればナチに抵抗できたはずだ」と言う。二人はユダヤに対する正反対の立場から銃所持を正当化しようとしているのが面白い。ラピエール副会長も選挙時はNRA会員に「あなたの銃を取り上げたがっているオバマに投票しないでください」と呼び掛けていた。

「オバマが銃規制を進めれば、誰かを殺してやる」

しかし実際のところ、オバマは銃の規制について発言も行動も慎重に避けてきた。選挙の勝敗を決するオハイオやコロラド、フロリダに銃所持者が多いからだ。でもラピエールは「オバマは再選されたらきっと銃規制を始めるはず」と言い続けた。

このため、オバマが再選されると全米の銃の売り上げが跳ね上がった。規制される前に買っておこうと焦ったわけだ。

ブッシュ政権とNRAは蜜月だった。05年、上下院を多数支配する共和党によって、銃撃事件の被害者が銃メーカーを訴えることを禁じる法案を通過させたのもNRAのロビー活動による手柄だった。この法律は銃所持者ではなく銃メーカーの利益にしかならないが、なにしろNRAの資金源は銃メーカーなのだ。特に、今回問題になっている多弾数の弾倉を売っているミッドウェイUSA社は90年代から770万ドルもNRAに寄付している。

そうこうしているうちに年が明けて13年1月5日、再びオーロラで乱射事件が発生して

4人が死んだ。コロラドでは皮肉にも乱射事件以降、銃の売り上げが急激に伸びていた。銃が怖いから銃を買うという悪循環だ。サンディーフック小学校乱射事件からこの日までの1ヵ月足らずで全米で700人以上が銃で死んだ。そのうち35人は子供だ。

1月9日、テネシー州の射撃インストラクター、ジェームズ・イエーガーは、YouTubeでこう警告した。

「オバマがもしちょっとでも銃規制を進めるなら、俺は誰かを殺してやる!」

スキンヘッドでヒゲ面、腕にはタトゥーの入ったイエーガーが、鋭い目でカメラを睨んで唸ると、どう見ても冗談とは思えない。さっそくテネシー州はイエーガーの銃携帯許可証を一時的に取り上げた。「誰かを殺してやる」と宣言している人を放っとけないからねえ。

イエーガーはYouTubeで自分の武器コレクションを披露している。100連発ドラム・マガジン付きのAK-47、狙撃用ライフル、グレネード・ランチャー(擲弾筒《てきだんとう》)、そしてバレット対物ライフル。1km先のコンクリートの壁の裏側に隠れた人間の頭を木っ端みじんにできる化け物銃だ。戦争ができるだけの武器を、「誰かを殺してやる」と公言している人間が所有することを許しているアメリカの銃規制に、国民の43%が「満足している」（ギャラップ社調査）。

1月10日、ピアース・モーガン国外追放署名は10万を超えたが、ホワイトハウスは「彼を国外退去はしない」と発表した。

「憲法修正第2条を批判する言論の自由は、修正第1条で守られているから」

トランプに敗れた候補たち①
キューバ系の若手上院議員マルコ・ルビオはなぜ共和党の希望なのか？
2013年3月

2013年2月12日、オバマ大統領が議会で一般教書演説を行った。新しい任期の初めにあたって、アメリカの現状を分析し、施政方針を表明するイベントだ。その後、野党の議員が大統領の方針に異議を申し立てる演説を行うことがならわしになっている。

ここでは、次期大統領と目されるホープが演説者に選ばれることが多い。今回はフロリダ州の上院議員、マルコ・ルビオがその役に抜擢《ばってき》された。彼はまだ41歳で共和党の最若手。元アメフト選手らしい精悍《せいかん》なルックスには少年っぽさが残っている。

「今のアメリカの問題は政府が小さすぎるために起こったのでしょうか？」

ルビオは共和党右派らしく「小さな政府」を称揚した。しかし、晴れ舞台に興奮しすぎたのか、顔には汗の粒が光り、唇が乾いて歯に張り付き、声が嗄《しゃが》れていくのがテレビ中継でもわかった。ルビオは左手を伸ばして水の入ったボトルをつかむと、ぐっと飲んで、演説を続けた。

その日のニュースでは、ルビオが水を飲む瞬間ばかりが放送された。キャスターやタレントたちが、砂漠を放浪した旅人のように渇ききったルビオの飲みっぷりを笑った。「何もおかしくないよ。たかが水くらい誰だって飲むだろ」と思ったが、集団心理というのは不思議で、誰もがルビオの水について語り、新聞の時事マンガのネタになった。誰もルビオの演説の内容については話さないし、覚えてもいなかった。彼は危機に瀕した共和党の救世主なのに！

共和党の支持基盤、白人は減少中

12年の大統領選挙におけるオバマ大統領の地滑り的勝利の原因は、政策よりもむしろ、共和党が直面している「人口統計上の危機」にある。つまり、白人の減少だ。

現在、共和党支持者の約9割が白人と言われている。そこまで偏るまでにはさまざまな歴史がある。150年前の南北戦争で奴隷制廃止を求めたのはエイブラハム・リンカーンと共和党だったので、当時のアフリカ系も共和党支持だった。ところが、1927年のミシシッピ大洪水で被災地救済を担当した商務長官ハーバート・フーヴァー（共和党）が、アフリカ系の被災者たちをぞんざいに扱ったことをきっかけに、アフリカ系の共和党離れが始まったという。

そして60年代、南部の黒人の選挙権を求めた公民権運動を民主党のジョン・F・ケネディ大統領が支援し、その後を継いだリンドン・ジョンソン大統領が公民権法にサインをした。これでアフリカ系の民主党支持は決定的になり、また、公民権法に不満を持つ南部の白人たちは民主党から離れた。

共和党は彼らを取り込んでいった。黒人に対するアファーマティヴ・アクション（差別是正措置）にも反対した。

「タイム」誌の表紙を飾った共和党期待の若手、マルコ・ルビオ

また、70年代に人工中絶が合法化されたことに怒るキリスト教福音派もそれに加わり、党の政策は極端に保守化した。

80年代、メキシコからの不法移民が問題化すると、共和党は厳しい移民取り締まりを掲げて、メキシコ人に仕事を奪われる白人ブルーカラーの支持を集めた。

こうした経過で、共和党は支持者の9割を白人が占める党になった。ところが、アメリカ全体では白人は減少しているのだ。

12年の選挙でロムニーに投票した人の人種的内訳は、CNNによるとアフリカ系2%、ヒスパニック6%、アジア系2%、その他2%、残り88%が白人。これに対してオバマに投票した人のうち白人は56%で、アフリカ系が24%、ヒスパニック14%、アジア系4%、その他2%。この比率のまま、各人種の増減を国勢調査による予想でシミュレーションするとどうなるか。13年から47年後の2060年には、国民の58%が民主党支持で、共和党の支持率は42%になってしまう。理由は、白人が全人口の半数を割り、ヒスパニックが3割を超えるからだ。

ヒスパニックのアメリカン・ドリーム

それなのに、共和党はヒスパニックを取り込むどころか排除した。12年の選挙では、アリゾナ州のジャン・ブリュワー知事（共和党）が、ラテン系の人々を不法移民と決めつける不法移民取締法を通過させ、共和党右派はこれを支持した。これに対してオバマ政権は「差別的であり憲法違反だ」と批判し、ヒスパニックの支持を集めた。また、大統領選の勝敗を決する激戦州フロリダではヒスパニックの過半数がオバマに投票した。

このまま共和党が白人向けの政党でいたら、計算上は永遠に政権を取れない。特に16年の大統領選では、民主党からヒラリー・クリントン前国務長官が出馬すると言われており、史上最大の女性票を集めると予想されている。もちろん白人有権者の半分は女性だ。いったい誰が共和党を救うのか？

そこで注目されているのが、マルコ・ルビオなのだ。「共和党の救世主」——米「タイム」誌13年2月18日号は、そんな見出しで、ルビオを表紙にフィーチャーした。彼はキューバ系である。約１８０万人のキューバ系アメリカ人の大半がフロリダ州に住み、州の人口の5・2%を占める。59年のキューバ革命で社会主義になった祖国から亡命してきた富裕層も多いが、ルビオの両親は、それより前の56年に職を求めて渡って来た。ルビオの両親がキューバに住んでいた頃、彼らの家の床は地面がむき出しだった。母親は幼い頃、着せ替え人形の代わりにコーラの空き瓶で遊んだ。アメリカに来てから、父はバーテンダー、母はホテルのメイドとして働き始めた。その後、街頭スタンドでの野菜売り、クリーニング、食料品店、と職を転々とした。どれも大成功には至らなかったが、床のある家に住めた。娘は空き瓶ではなく、本物の人形を買ってもらえた。

末っ子のマルコは、学校ではアメフト選手として活躍し、チアリーダーと結婚した。10万ドルの学生ローンでマイアミ大学法学院を卒業した(ローンは12年にやっと返済した)彼はアメリカン・ドリームの体現者だ。

そして、他のキューバ系と同じく、マルコは社会主義が嫌いだった。後からアメリカにやって来た祖父はカストロ議長の悪口を孫に言って聞かせた。ルビオは12年の共和党大会でオバマ大統領の国民皆医療保険政策について「それは社会主義です。我々キューバ人が逃げて来たものです」と演説して、党員の喝采を浴びた。

とんちんかんなヒップホップの引用

09年、オバマ大統領が就任すると、オバマの税制や医療保険改革に反対する共和党内の右派がボストン茶会事件を模したティーパーティという運動を開始、10年の中間選挙の共和党予備選では、各地のティーパーティが、右派で若手の候補者を擁立して、穏健派や主流派の共和党のベテラン議員にぶつけて、それを打ち破った。マルコ・ルビオもそうして上院議員の座を勝ち取った一人だった。

まだ40代前半のルビオは老人の党になってしまった共和党が生き残りのために求めてやまないものだ。アメリカでは高齢になるほど共和党支持率が高くなり、44歳より下はぐっと民主党支持率が高くなる。

民主党の応援には、ビヨンセやフー・ファイターズやスカーレット・ヨハンソンやブラック・アイド・ピーズといった、若者に人気のあるスターやロック・ミュージシャンやラッパーが集まる。共和党を支持する芸能人は、アーノルド・シュワルツェネッガーやシルヴェスタ・スタローンなどの筋肉系俳優とカントリー歌手ばかり。若者にはアピールしない。

ところがルビオは共和党議員で初のヒップホップ・ファンなのだ。13年3月7日、オバマ大統領がCIA長官に指名したジョン・ブレナン承認にあたって、上院では少数派の共和党議員たちがフィリバスター（できるだけ長く演説をして決議を遅らせること）を行った。フィリバスターでは話が途切れないよう聖書やシェイクスピアの著作を持ちこんで朗読することが多いが、ルビオは「シェイクスピアを持ってきてないので、現代の詩人ウィズ・カリファを引用します」と言い出した。カリファはラッパーで、マリファナをネタにした歌が多い。

「カリファには『よく働き、よく遊べ』という歌があります。今、議員たちはそれぞれの選挙区でよく遊んでいる時期ですが、私は首都でこうして働くことができて幸福です」

あんまり引用の意味がないが、フィリバスターはとにかく時間稼ぎだから何でもいいのだろう。ルビオはさらにラッパーの歌詞を引用した。

「もうひとりの現代の詩人ジェイ・Zを思い出します。『たった7日間でどれだけ変わったことだろう。たった1週間のことなのに』。1週間とは言いませんが、（オバマ政権になってから今までの5年間で）どれだけ状況が変わったことでしょう」

１週間関係ないじゃん！

ルビオは男性ファッション誌「ＧＱ」のインタビューでもヒップホップについて講釈している。

「パブリック・エネミーが80年代にどれほどビッグだったかが忘れられてるね」

ルビオのフェイバリットなラップ曲は、Ｎ．Ｗ．Ａ．の『ストレイト・アウタ・コンプトン』。２パックの『キルミナティ』、それにエミネムの『ルーズ・ユアセルフ』だという。

しかし、こんな音楽を愛聴しながら、ルビオは自己矛盾を感じないのか？　Ｎ．Ｗ．Ａ．は、「ファック・ザ・ポリス」という歌詞が議会で大問題になった。エミネムはブッシュのイラク攻撃に反対した。ジェイ・Ｚはビヨンセの夫で、夫婦共にオバマのサポーターだ。ルビオの保守的主張とはどれも正反対だ。

ルビオの前に共和党の若きホープとされていたのは、大統領候補ロムニーから副大統領候補に指名されたポール・ライアン下院議員だった。彼はレイジ・アゲインスト・ザ・マシーンの大ファンだと発言した。しかしレイジ～はゴリゴリの反資本主義バンド、ライアンは大企業や大富豪を優遇する政策を唱える保守政治家だ。当然、バンド側は抗議した。

「彼が我々のファンだとは滑稽だ。彼は我々が糾弾し続けた権力そのものであり、我々の主張と敵対する。彼は曲のメッセージを何一つ理解していなかったんだろう」

ライアンは福祉を受ける者たちを「テイカー」と呼んで侮蔑した。しかし、彼自身は幼くして父親を亡くしたため、政府の福祉に頼って育った。その事実が判明すると、彼は支持者を失っていった。

「マルコ、母さんも移民なのよ」

ルビオも矛盾だらけだった。

10年、上院議員に立候補したルビオは、不法移民の子供たちにアメリカ国籍を与える法案「ドリーム法」に反対していた。しかし、実はルビオ自身の祖父が長年、不法移民としてアメリカに暮らしていた事実が暴かれた。これでルビオはヒスパニック人気を失い、同じ共和党でドリーム法を支持するチャーリー・クリストに支持率で2倍も引き離された。

結局、クリストが「オバマ寄りすぎる」という理由で共和党を追い出されたため、ルビオは党の指名を受けて上院に入ることができた。彼は失敗の教訓を生かし、今は子供や高い職能を持つ不法移民に国籍を与えることに賛成し、民主党と協力して移民法改正に取り組んでいる。

ルビオの穏健化には、母親が影響しているという。「タイム」誌の記事には取材中にルビオが母親からの留守電メッセージを聴くくだりがある。

「マルコ、移民の人たちを怒らせないで。母さんも移民なのよ。忘れないで」

ルビオの政治家としての実力は未知数だ。ヒスパニックで若い、という以外に実績や才能を示したことはまだない。でも共和党が生き残るためには、彼のようなヒスパニックを増やしていくしかない。

共和党のヒスパニック取り込みが成功する可能性は高い。ヒスパニックはほとんどが敬《けい》虔《けん》なローマン・カトリックなのでモラル的には保守的だからだ。彼らは今、移民政策でヒスパニックを擁護する民主党を支持しているが、一方で、同性婚や人工中絶を認める民主党に激しい不満を抱いている。彼らを共和党が取り込めば強力な支持基盤を得ることになり、逆に共和党の将来は安泰になる。

二大政党の将来がどうなるかはわからない。ただ言えるのは、アメリカが白い肌に青い目で英語を話す人々の国だった時代は、もうすぐ確実に終わるということだ。

アメリカを操ってきたもの③ アンチ人工中絶

13時間の演説に挑んだ元10代のシングルマザー議員

２０１３年７月

２０１３年６月25日午前11時18分、テキサス州上院議会で、ウェンディ・デイヴィス議員（50）は論壇に立ってスピーチを始めた。彼女はこれから深夜０時まで13時間、話し続けるつもりだ。その間、一度も椅子に座らず、机や壁にももたれず、何も食べず、トイレにも行かず。もし、それをしたら、テキサス州議会の規約によりスピーチを止められるからだ。

彼女は、ＳＢ５（テキサス州上院法案５号）の投票を阻止するため、フィリバスター（マラソン演説で決議を遅らせること）を始めたのだ。

ＳＢ５は中絶規制法案である。妊娠20週以上の中絶を禁止し、大病院並みの手術室のない中絶医院や、大病院から承認を受けない医院を違法とするものだ。

この法案を提出したのは共和党である。共和党は、73年に連邦最高裁が妊娠24週以内の人工中絶を合法として以来、中絶を再び禁止するため、各州で戦い続けてきた。この戦いは、女性の権利を守る側からは「ウォー・オン・ウィミン（女性に対する戦争）」と呼ばれている。

共和党が州議会で多数を占めるサウスカロライナ、バージニアなどの南部や中西部の14州では、既にSB5と同様の中絶規制法が実施されている。逆に言うと、それらの州では、共和党は人工中絶の規制を掲げることで支持を得ている。つまり保守的で、中絶を罪とする聖書原理主義者が多い地域なのだ。

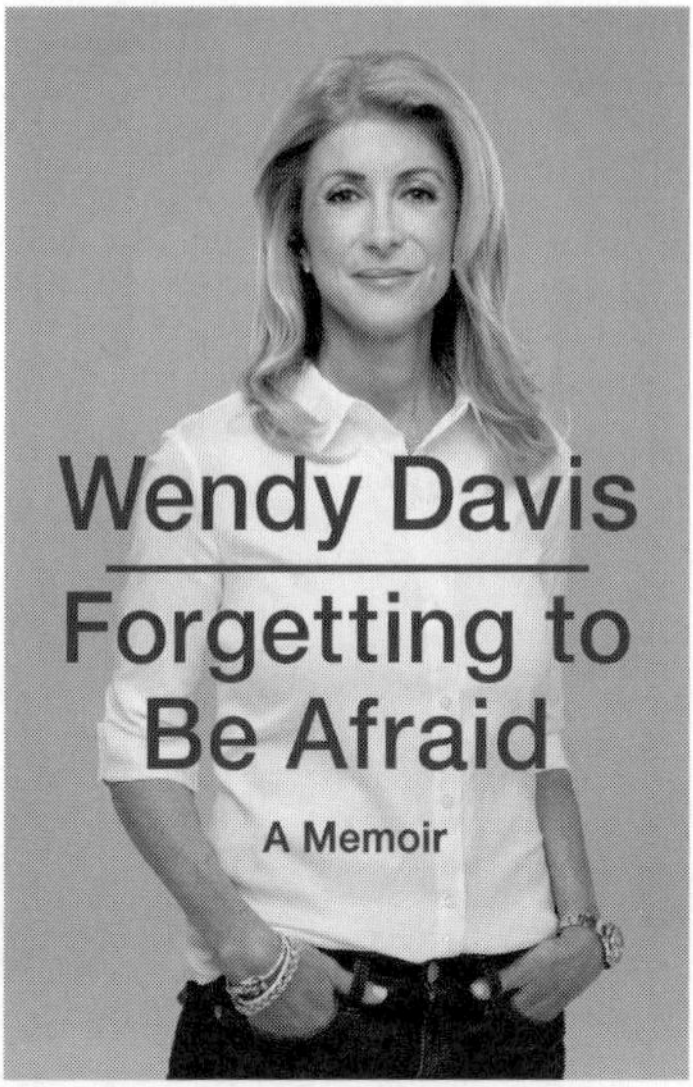

全米のスターとなったウェンディ・デイヴィスの回顧録『恐れることを忘れて』

キリスト教保守の多いテキサスでも上院下院ともに共和党が過半数を

占めるので、SB5の通過は確実だった。SB5が法律になると、州内に現在42軒ある医院のうち37軒が閉鎖に追い込まれる。日本の2倍近くの面積があるテキサス州に、たった5軒しか医院が残らないのだ。

ところが、テキサス州の10代女性の妊娠率は全米で4番目に高い5・2%（10年）。原因の一つは、公立学校の94%が生徒に避妊法を教えないことにある。キリスト教が強い保守的な土地なので、避妊の方法を教えるとセックスを推奨することになると考えている。でも、実際はテキサス州の10代の52・9%がセックスを経験するのだが（全米平均より高い）、避妊を教育されていないので、43・6%がコンドームをつけない。それじゃ、10代の20人に1人が妊娠するのも無理ないよ。

10代で子供を産むと、大学に進むのが難しくなり、収入も限られてしまう。デイヴィス自身がその辛さを体験した。彼女は中学生の頃、両親が離婚し、母親に引き取られた。母は小学校しか出ておらず、最低賃金の職しか得られなかった。デイヴィスは家計を助けるため、14歳から新聞の勧誘をするなどして働いた。しかし彼女自身も18歳で妊娠して結婚。19歳で離婚してシングルマザーになり、生まれたばかりの娘を抱えて貧困層向けのトレイラーハウスで暮らした。

でも、デイヴィスはそのどん底から這い上がった。ウェイトレスとして働きながら地元の大学を卒業し、奨学金で名門ハーバードの法科大学院に進み、33歳で弁護士になったのだ。

10代の母の辛さを身に染みて知っているデイヴィスは、どうにかしてこの中絶規制法案を阻止するため、議会での少数派に残された最後の手段であるフィリバスターに賭けた。議事中の発言には時間制限がない。法案通過の期限である26日の午前0時まで13時間スピーチを続ければ……。

尿道カテーテルまでつけて

13時間より長いフィリバスターは、過去にいくつか記録があるが、たとえば連邦議会ではトイレに行ったり、小休止をとったりすることは許されていた。だがテキサス州では違う。その場に立っていられなければ、そこで終わり。しかも、話に詰まったり、議事から話が逸れたりしたら反則。それが3回でアウトというスリー・ストライク制度。

デイヴィスの発言が始まった。彼女は立ち続けるためにミズノのウエーブライダー16というランニングシューズを履いてきた。後ほど明かされたが、なんと尿道カテーテルまで装着していたらしい。

彼女は中絶規制の問題点を訴え続けた。中絶が難しくなると危険な闇医者にかかることになる、10代の母が増えると福祉で州の財政負担が増える……。

デイヴィスが家族計画協会に対する州からの助成金がカットされたことを話し始めると、議長であるデヴィッド・デューハースト副知事が「議題から逸れた」と1回目の反則をカウントした。言いがかりだ。家族計画協会は避妊について啓蒙活動をする団体なので議題からまったく外れていない。傍聴席から議長に激しいブーイングが浴びせられた。その日、議事堂には5000人の女性たちが結集し、デイヴィスの戦いを見守っていた。

その晩、全米のTVニュースは7時間もスピーチを続けるデイヴィスを中継した。彼女は50歳には見えないゴージャスでセクシーなルックスで、フェミニストのステレオタイプとは全然違っていた。それまでほとんど無名だった地方政治家デイヴィスは、一夜にして全米規模のスターになった。カメラは彼女が履いているピンクのミズノを映し出し、その売り上げはいっきに3倍に上昇した。

夜7時20分、デイヴィスは8時間も立ち続けていた。デイヴィスの助けになろうと、民主党のロドニー・エリス議員が腰サポーターを持ってきた。重い荷物を運ぶ仕事の人が腰を支えるベルトだ。しかし、エリスがそれをつけてあげようとした時、議長は2回目の反則をカウントした。他人の手を少しでも借りたらダメだというのだ。どこまで悪魔なんだ？

夜10時がすぎた。目標の午前0時まで残り2時間を切った。デイヴィスは11年にテキサスで成立したソノグラム法を批判した。中絶を希望する女性に胎児の超音波映像を見せ、心臓の音を聴かせることを医師に義務づける法律だ（もちろん中絶を思いとどまらせるため）。すると議長は「議事と関係ない」と言った。だから、あるってばよ！

スリー・ストライク・アウト。もうちょっとだったのに。

女性の中絶を許さないテキサス男

傍聴席からは「ウェンディにもっとしゃべらせろ！」と声が飛んだ。そこに駆け込んで来た民主党のレティシア・ヴァン・デ・プッテ議員が議長に質問した。その日、彼女は父親の葬儀に行って、議会に遅れたのだ。

「男性議員たちは、どうしたら女性議員の意見を聞いてくれるのですか?」

そもそも、テキサス州の上院の男女比率は25対6。男ばかりだ。それが女性の出産について、なぜ勝手に決めようとしているのか? 傍聴席は拍手喝采。議長に対して傍聴席の女性たちから「恥を知れ!」というシュプレヒコールが始まり、議会は騒然となった。

共和党のビル・ゼドラー議員は「議事堂にテロリストたちがいる」とツイートし、リック・ペリー知事は後に「あれは暴民政治だ」と嘆いた。だが、アンケートではテキサス州民の過半数が現在の中絶制度を支持している。しかしゲリマンダリング(選挙区を自覚に有利になるように割り直すこと)によって、共和党は議会を多数支配し、州民の意思を超えた法案をゴリ押しする。

午前0時寸前、採決が強行された。共和党議員の全員賛成で、議長は法案にサインした。デイヴィスの抵抗は無駄だったか……。

「いや! 議長! 2分過ぎてます!」

民主党議員から声が上がった。その通りだった。法案は流れた。群衆は「ウェンディ! ウェンディ!」と叫び続けた。勝利の凱歌《がいか》だ。

しかし、共和党はあきらめない。彼らはすぐにほとんど同じ内容の法案を今度は下院で提出した。法案は98対49の圧倒的多数で下院を通過、７月12日には上院も通過してしまった。

「私たちはあきらめません。戦いは始まったばかりです」

デイヴィスは言った。

「女性に対する戦争」は全米規模に拡大している。６月18日、共和党が過半数を占める米国連邦政府の下院議会は、テキサス州と同じような中絶規制法案を２２８対１９６で通過させた。上院は民主党が多数派なので、そこで否決されるわけだが、今後は14年の中間選挙次第でどうなるかわからない。

テキサス州知事リック・ペリーは中絶に反対する団体「全米命の権利委員会」で演説し、「ウェンディ・デイヴィスは自分の人生から何も学んでいない」と語った。

「彼女はシングルマザーに育てられ、ティーンマザーになったが、ハーバードを出て政治家になったじゃないか。だから、どんな命にもチャンスを与えるべきです」

誰もがデイヴィスのように優秀で勤勉とは限らないし、ペリーのような5代続いた大地主のボンボンに彼女の苦労がわかるかよ。

トランプに敗れた候補たち②
債務不履行寸前までアメリカを追い詰めたテッド・クルーズ

2013年10月

オバマ大統領の医療保険改革に反対し、2013年10月1日から政府機能を16日間もシャットダウンさせて抵抗してきた共和党のジョン・ベイナー下院議長は、デフォルト（債務不履行）に陥る直前の16日、ついにインタビューで敗北を認めた。

「我々はよく戦った。ただ、負けてしまったが」

しかしベイナー議長は、いったい誰に負けたのか？

オバマ大統領か？ いや、それは違う。日本では、このシャットダウン闘争が、オバマと、ベイナー率いる共和党の戦いであるかのように報道されているが、それも違う。そもそも、ベイナーと共和党の主流派は、この闘争を望んではいなかったのだ。シャットダウンを計画し、ベイナーを打ちのめしたのは、共和党でも民主党でもない、議会の外にいる男だった。

まず、シャットダウンの経緯を簡単に説明しておこう。アメリカでは10月１日に予算年度が始まる。この日から、医療保険改革法、いわゆる「オバマケア」が実施される予定だった。貧困、失業、既存症のために、民間の医療保険への加入を断られた国民を税金で補助する法案だが、下院で多数を占める共和党は、この法案の実施を１年先送りすることを要求し、予算を成立させなかった。そのため、連邦政府は機能の一部（国立公園など）をシャットダウンするしかなかった。

シャットダウンは16日間続き、10月17日までに債務の上限を引き上げないとデフォルトという最悪の事態が迫った。長老ジョン・マケインをはじめ、上院の穏健派共和党議員14人は民主党と超党派で協議して予算案を可決。ベイナーはこれを受けて下院でも採決を行い、今回は多くの共和党議員が賛成票を投じて、シャットダウンは終わった。

16日間のシャットダウンの経済損失は２４０億ドル。国立公園や図書館、科学研究施設で働く80万人の公務員が休職になり、その間、給与が支払われなかった。ＡＢＣニュースと「ワシントン・ポスト」紙の合同調査によると、国民の74％は、シャットダウンは共和党の責任だと考えている。さらにアメリカを債務不履行の危機に追い込んだことで、共和党はウォール街や多国籍企業、海外からの信頼も失った。

このシャットダウン闘争で共和党は何か得たものがありましたか？　と記者に問われて、ニューハンプシャー州のケリー・アヨッテ上院議員は「何もありません」と答えた。でも、こういう結果は、ベイナーたち共和党主流派には最初からわかっていた。

まず、オバマケアは10年に上下両院を通過して既に承認され、12年には最高裁で「国民の福祉のため合憲」という判決も受けた。その時、ベイナーは「オバマケアは確固たる法律になってしまった」とコメントしている。それを潰すために政府を停止させるぞ、と脅すなんて、法治国家の議員がすることじゃない。

だから、シャットダウン作戦が提案された時、共和党主流派は拒否した。オクラホマ州選出のベテラン下院議員トム・コールは、オバマケア潰しのためにアメリカを債務不履行に追い詰めるのは、「自分の頭に拳銃を突き付けて、俺の要求を呑まないと俺を撃つぞ、と脅すようなものだ」と言った。

シャットダウン作戦の黒幕

シャットダウン作戦は、共和党のテッド・クルーズ上院議員が議会に提案した。クルーズは70年生まれ。父はキューバからの政治難民。「カストロの革命に協力したが、彼が社会主義者になったので逃げてきた」と父は言う。クルーズは12年の共和党の予備選で上院に立候補し、オバマケアを通過させてしまった共和党の主流派を激しく批判し、保守過激派市民団体ティーパーティの支持を受けて当選した。彼のようなティーパーティ議員は、上院に18人、下院に33人いる。ティーパーティを組織し、資金を出したのは石油化学コングロマリットを経営するコーク兄弟であり、彼らはクルーズのような右派議員によって共和党

「不思議の国のアリス」の狂った茶会の帽子屋に擬せられた表紙絵のクルーズ

内に影響力を拡大した。

13年の夏、クルーズは「オバマケアを潰すためにシャットダウンも辞さない」と宣言し、全米9都市をツアーしてオバマケアに反対する署名を集めた。そして9月24日、上院での予算案の採決前に21時間、オバマケアを批判する演説を行った。採決の時間は固定されていたので、いわゆるフィリバスター（議事妨害）にはならなかったが、クルーズの演説はメディアで広く取り上げられ、彼は一躍スターになった。

シャットダウンで国政を妨害し、国益を損ない、共和党の信頼性を貶《おとし》めたクルーズとティーパーティ議員について、「彼らは本当に共和党員なんだろうか？」と訝《いぶか》しむのは、ルイジアナ州のチャールズ・ブースタニー下院議員（共和党主流派）だ。

「（ティーパーティ議員は）どうも党よりも、党の外部の組織への忠誠心のほうが強いように思える」

「党の外部」とは、誰を指しているのか？

その答えは9月26日に発売された経済誌「ブルームバーグ・ビジネスウィーク」にある。その表紙にはグレーの地にこんな文字だけが大きく書いてある。

「下院議会を動かしているのはベイナー議長ではない。その男を紹介しよう」

ページを捲ると記事の見出しはこうだ。

「ジム・デミント、共和党下院の影の議長」

デミントは、アメリカ最大のシンクタンク「ヘリテージ財団」の所長。今回のシャットダウン作戦の黒幕である。8月、デミントは作戦をテッド・クルーズに教示し、彼の全米ツアーの資金を同財団のロビー団体「ヘリテージ・アクション」から提供した。要するにシャットダウンのスポンサーである。

ヘリテージ財団は73年に設立され、フリードマンやハイエクの新自由主義経済思想を、小さな政府、民営化、規制緩和、福祉削減、減税など具体的な政策案としてまとめ、レーガン政権やブッシュ政権は、同財団が提案した政策を実行し続けた。

シャットダウンもヘリテージ財団が発案した作戦で、最初はクリントン政権時代の95年、共和党のニュート・ギングリッチ下院議長に指導してやらせた。その時もアメリカは債務不履行寸前になり、共和党は支持率を下げた。だから今回、デミントがティーパーティ議員に再びシャットダウンをやらせようとした時、オバマケアに激しく反対し続けてきたノースカロライナ州のレニー・エルマーズ下院議員までもが「こんなことをしたら共和党は下院の議席を失う」と反対したのだ。

シャットダウンに参加しないとティーパーティに潰される

それなのに、なぜ結局、共和党の下院議員たちは危険なシャットダウン作戦に参加してしまったのか？

シャットダウンへの反対を表明したエルマーズ下院議員は、ティーパーティ運動家たちから激しい攻撃を受けた。地元の住民集会や遊説先では「裏切り者！」などと野次られた。その抗議運動のリーダーはディー・パークという女性で、ヘリテージ・アクションの下にある市民運動プログラム「センチネル」から、草の根運動のやりかたを細かく指導されていた。エルマーズ議員は「私は違いますが、ティーパーティの圧力によって、自分の意見を曲げてしまった共和党議員も大勢います」と言っている。

共和党の議員たちは12年の予備選で、穏健派の議員たちがティーパーティからライノ(Republican In Name Only：名前だけの共和党員)と呼ばれて激しく攻撃されて敗退していったのを見ている。ここで妥協するところを見せたら再選が危うい。そんな恐怖心から望まない〝自殺作戦〟に加担してしまった共和党員たちを、最後までティーパーティに負けずにシャットダウンに反対し続けた共和党のデヴィン・ヌーネズ下院議員は「自爆用ベストを着たレミングの群れだ」と嘆いた。

ベイナー議長も16日間、ボケッとしていたわけじゃない。彼はシャットダウンを終わらせるため、両党が合意できる予算案を作成して15日に発表した。しかし、そのわずか20分後、ヘリテージ・アクションは次のような「指令」をティーパーティ系の有権者たちに通達した。

「ベイナーの案にはオバマケアを延期することが条件として含まれていない。この案に投票する議員に今後、投票してはならない」

これはベイナーに対する脅しだ。ベイナーはその案を破棄せざるをえなかった。下院議長よりも力を持つヘリテージのデミントを「ビジネスウィーク」誌が「影の議長」と呼ぶのも無理はない。

デミントは昨年まで上院議員だったが、突然、職を辞してヘリテージ財団の所長に就任した。その理由を「議員よりも政治に影響を与えられるから」と答えた時、世間は「議員よりも?」と首を傾げたが、デミントの言葉は正しかった。彼は「ビジネスウィーク」誌のインタビューでハイエクの言葉を引用する。

「政治家は川に浮かんだコルクのようなものだ。正しい流れを作って導いてやらねば」

いやー、コルクを崖っぷちに追い詰めて、「言うことを聞かないと落とすぞ」と脅してるようにしか見えないんだけどねえ。

トランプに敗れた候補たち③

クリス・クリスティは巨体のわりに変わり身が早い？

2013年11月

「どこの家でもクローゼットに骸骨を隠しているものさ」という言い回しが英語にある。「どんなに品行方正に見えても、隠したい過去のない人はいない」という意味だが、ニュージャージー州知事のクリス・クリスティが隠しているのは牛の骸骨だと言われる。そのくらい食い意地が張っている、というジョークだ。

クリス・クリスティの体重は極秘。ピーク時は150kgを軽く超えていたと推定される。ベルトは大人が縄跳びできるほど長い。テレビのコメディアンはネタに困った時にはクリスティの肥満で笑いをとる。だから、政治に興味のない人でもクリスティのことを知っている。共和党の政治家では抜群の知名度を誇るクリスティは、2016年の選挙で大統領の椅子を狙える希望の星なのだ。

共和党議員は予備選に勝つために、より保守的に先鋭化する傾向がある。南部の州は保守的な人口が圧倒的なので共和党が常勝する。だから、より保守的な主張を掲げたほうが共和党内の予備選に勝ち、それで本選挙での勝利は確定する。中間派を気にする必要はない。そのため、過激に右傾化したティーパーティ派が党内で躍進する結果になった。

しかし大統領選挙では、オハイオやフロリダのような共和党と民主党の間で揺れ動く浮動州で勝つ必要がある。つまり中間層をつかむかどうかが勝負なので、右傾化しすぎたティーパーティ候補では無理だ。

その点、クリスティは共和党の穏健派で、黒人やヒスパニック、民主党支持者の多い東部ニュージャージー州の知事として7割近い支持を集めている。同州の面積の7割をクリスティの巨体が占めているからと揶揄《やゆ》されたが……。「タイム」誌などは「クリスティなら共和党がホワイトハウスを奪還できるかもしれない」と論評している。

「アイゼンハワーもニクソンもレーガンも共和党だが、保守的なイデオロギーよりも実効性を重んじるプラグマティストの大統領だった。クリスティならそうなれる」

大統領選への準備だろうか、13年2月、クリスティは肥満を治療するため、胃袋をバンドで縛る手術をした。おかげでケンタッキーフライドチキンの全米での消費量が50％減った、と言われた。

11月5日、クリスティは州知事に再選された。対する民主党のバーバラ・ブオノ候補が、意味もなく自分の体重（56kg）を公表して「痩せてる自慢」をしたせいで嫌われたという説もあるが、これでクリスティはまた一歩、大統領候補に近づいた。体重も25kg減ったし。

「タイム」誌のクリスティ特集。ハリケーン被災への対応では評価を高めたが

問題はクリスティが共和党内で予備選に勝ち残れるほど人気がないことだ。

12年、ニュージャージー州をハリケーン「サンディ」が襲い、沿岸部に甚大な被害をもたらした。オバマ大統領はすぐに現地に飛び、素早い救援活動を行った。05年にハリケーン「カトリーナ」がルイジアナ州を襲った時、ブッシュ大統領の対応が遅れたことで支持を失ったのが、教訓になっていたのだろう。クリスティ州知事はオバマ大統領に感謝し、二人並んで被災地を視察して回った。

クリスティはホワイトハウスの昼食会にも招かれた。ティーパーティ議員たちはクリスティを、オバマに媚びた裏切り者と攻撃した。コメディアンたちはクリスティに、ホワイトハウスで食べ過ぎないよう釘を刺した。

「政府は赤字なんだから」

「ワシントン・ポスト」のバカ社説

「ワシントン・ポスト」紙のコラムニストであるリチャード・コーエンは13年11月11日付の同紙に「クリスティは共和党の大統領候補にはなれないだろう」と書いた。保守的な南部や中西部の共和党員、特にティーパーティ系の人々はクリスティを選ばない、とコーエンは言う。

このコラムは大問題になった。クリスティについてではない。同じ11月5日の選挙でニューヨーク市長に当選したビル・デブラシオに関する記述がだ。

「今日の共和党は人種差別的だと言われるが、私はそうではないと考える。共和党は許せないだけだ。大きな政府、移民、政教分離、それにかつてはアヴァンギャルドだと思われていた物事が主流化してしまったことが。従来的な視点を持つ人々なら、ニューヨーク市長に選ばれたビル・デブラシオ（民主党）について考えると喉頭反射せずにいられないはずだ」

喉頭反射とは、喉の奥を突くと「おえっ」と吐きたくなる反射のことだ。

「デブラシオ市長は白人だが妻は黒人。子供たちは混血（夫人のチャーレイン・マクレイはかつてレズビアンだったことは言っておいたほうがいいかな）。この一家はアメリカの文化の変化を代表している。しかし、アメリカすべてが変わったわけではない。保守派の人々にとって、デブラシオ一家は決してアメリカ的ではないのだ」（引用部分のカッコ内もコーエン）

デブラシオの父はアイルランド系、母はイタリア系。人種のるつぼであるブルックリンに育った。チャーレイン夫人はアフリカ系の詩人で、79年に「私はレズビアン」というエッセイを発表している。デブラシオは民主党議員の選対で働いていた94年に、スピーチ・ライターをしていたチャーレインに出会った。

「たしかに私は同性愛者だったけど、運命の人と出会って恋して結婚しただけ」というチャーレインとデブラシオの間にはティーンの娘と息子がおり、当選を祝う一家の姿はテレビで放送された。長男の巨大なアフロヘアが印象的だったが、コーエンは、この家族を見るとConventional（月並みな、従来の）考え方の人なら吐き気がするはずだと書いたのだ。

「このバカがまた何か書く前に止めろ！」

「エスクァイア」誌の政治コラムニスト、チャールズ・P・ピアースはコーエンに怒りを爆発させた。

「もし、バカな新聞記者の記事トップ40があれば、コーエンは65年のビートルズみたいにチャートを独占するだろう」

コーエンのコラムは以前から何度も差別的な記述で問題になってきた。86年、若い黒人客の入店を拒否したニューヨークの宝石店が「若い黒人というだけで犯罪者扱いするな」と非難された時も、コーエンは「店主に同意する」と書いた。12年にフロリダで自警団を自称するジョージ・ジンマーマンが、丸腰の黒人少年トレイヴォン・マーティンを射殺した時も、コーエンは「彼はフード付きスウェットというギャングのユニフォームを着ていたんだからしょうがない」と書いた。最近では、南北戦争前の南部の奴隷制を描いた映画

『それでも夜は明ける』を観るまでコーエンは「奴隷所有者はいい人たちで」「奴隷たちは満ち足りていた」と思っていたと書いた。「そう学校で習った」とコーエンは言い張るのだが、彼は100年前の南部人じゃなくて、41年ニューヨークに生まれたユダヤ系だ。高校の頃にはもう公民権運動があったはずだ。

「(デブラシオ市長の件で）私を人種差別主義者だと批判するのはおかしい」

コーエンは反論する。

「私は自分の意見ではなく、ティーパーティ派の気持ちを書いたのだ」

だったら「コンヴェンショナル」なんて書かなきゃよかった。ちなみにギャラップ社の調査によると、アメリカ人の87％が異人種間結婚に問題なしと答えている。

「コーエンは人種差別主義者ではありません」

テレビで保守的ニュース・キャスターを演じるコメディアンのスティーブン・コルベアはコーエンを擁護した。

「ただ文章がヘタクソなだけです」

コルベアのジョークは正しい。アメリカに限らずどこの新聞でも、社説欄は第一線の取材から退いたコーエンのような古参記者が担当するのが伝統になっている。彼らはプロのエッセイストでも学者でもないのに、長老だからロクに文章をチェックされない。週に1回か2回、1000字程度の床屋談義を書くために出勤し、定年まで高い給料をもらう。現在、世界中のどこの新聞社も経営難に陥っているというのに。

コーエンは「共和党は人種差別的じゃない」と書きながら「異人種間結婚に吐き気がする」と書く。それが差別的でなくて何だろう。一つの段落で論理が破綻してるよ！

でも「クリスティは今の共和党には穏健すぎる」というコーエンの読みはあながち間違っていないと思う。たとえば、共和党に多数支配されている南部各州の議会では次々に、選挙の時、ID（身分証明書）を提示しないと投票できないとする州法を成立させている。

「これは、民主党の奴らのケツに蹴りを入れるための法律だ」

ノースカロライナ州共和党の執行委員ドン・イエルトンは、テレビのインタビューで笑った。つまり民主党を支持する女性や若者や貧困層は運転免許証の所持率が低いから、投票率も減るわけだ。

「オバマ政権が施《ほどこ》しを与えようとしている怠け者の黒人たちは困るだろうさ」

こんなことを平気で言ってしまう連中の党で、オバマと仲のいいクリスティが大統領候補になれるかね？

でも、もし大統領候補になったら、きっとアメリカじゅうのコメディアンが応援するだろう。ギャグのネタを提供してくれるからね。体重100kgを切らない限りは。

追記　クリス・クリスティは2016年の大統領選に出馬するも、ニューハンプシャー州の予備選で7・4%しか得票できず、戦線を離脱したのだが、なんと、それまで戦っていたドナルド・トランプの推薦についた。副大統領候補になろうとしたのだろうが、「デカいくせにホント尻軽だ」と世間をあきれさせた。

第2章

大麻と肥満と暴力警察

2014年1月〜12月
マリファナ合法化から「黒人の命も大事だ」運動まで

アメリカを操ってきたもの④「ナショナル・レビュー」

意外！　保守論壇はマリファナ合法化に賛成

２０１４年１月

マリファナの「非犯罪化」が世界的規模で進んでいる。

「非犯罪化」というのは、マリファナの組織的な栽培や販売は規制するが、個人的な使用や所持をいちいち法で罰するのはやめようとする動きだ。アメリカでは２００８年以降、各州で非犯罪化が進み、さらに「医療用マリファナ」を認める法律も州民投票で可決している。これによって、鬱病やガン、不眠症、腰痛などを癒す目的なら、医師に処方箋をもらって、州に認可された店でマリファナを購入できるようになった。

そしてコロラド州では12年の住民投票で嗜好用マリファナの合法化が決まり、14年元旦から施行された。

新年早朝から、州の認可を受けた州内24軒のマリファナ・ショップの前には、記録的な大寒波にもかかわらず、開店を待つ客が列をなした。

一度に買える量はわずか1オンス（約28g）。転売は違法。値段は350ドル以上と、闇ルートでの値段よりかなり高め。その理由は35％の税金が課せられているからだ。大麻について定めた州法修正第64条によれば、その税収の最初の4000万ドルは公立学校の運営に回される。

コロラド州のマリファナ合法化キャンペーンのステッカー

マリファナ解禁に反対した民主党と賛成した共和党

コロラドの大麻合法化運動のリーダーはメイソン・トゥヴァート（32）。高校時代に急性アルコール中毒で病院に担ぎ込まれ、胃洗浄で一命をとりとめた。

「酒は危険なドラッグだ。中毒や二日酔いや暴力がつきものだ。でも、マリファナにはそれはない。カロリーもゼロだ！」

05年、当時22歳だった彼はコロラドで、「SAFER（Safer Alternative for Enjoyable Recreation：嗜好のためのより安全な代替物）」なる団体を旗揚げした。

SAFERには活動資金として10億円規模の寄付が集まった。寄付者は投資の神様ジョージ・ソロスや、自動車保険の大手プログレッシブの社長ピーター・ルイスなど経済界の大富豪だった。

ところが、コロラド州知事に就任したジョン・ヒッケンルーパーは大麻合法化に反対した。トゥヴァートは知事を「ドラッグ・ディーラーのくせに」と笑った。知事は州都デンバーにビール工場と酒場を所有し、マリファナよりも有害なアルコールを売っているからだ。

そんなトゥヴァートを応援し、大麻合法化を支持したのは元下院議員のトム・タンクレードだった。意外なことに、ヒッケンルーパーは民主党で、タンクレードは共和党である。マリファナは左翼でリベラルなもの、という印象がある。60年代カウンターカルチャーにおいて、ラブ&ピースなヒッピーが精神の解放のために愛好したからだ。

実際、医療用マリファナを解禁した州は、カリフォルニアなどの西海岸、バーモントなどのニューイングランド地方といった、大統領選挙で民主党候補を選ぶ「リベラルな州」が多い。

一方共和党が州議会を完全支配している南部では、マリファナ合法化の動きはほとんどない。

コロラドやアリゾナなどの西部や、ミシガンなどの中西部は、共和党も強い保守的な州なのだが、合法化に積極的だ。

大麻に対する対応の違いは、アメリカの保守に二つの種類があることを示している。

南部の保守は伝統的で中西部の保守は自由主義的

イギリス系やスコッチ・アイリッシュ（アイルランドに住んでいたスコットランド系）が多い南部における保守はキリスト教福音派や白人の伝統に基づくモラル的、宗教的な保守、人種的な保守主義になる。

だが、中西部はドイツや東欧、北欧からの移民が多く、宗教や民族的には一枚岩ではない。彼らの保守思想は宗教よりは自由主義、リバータリアン的、政治的、思想的な保守なのだ。そして、個人の自由を至上のものと考えるリバータリアンは、麻薬や売春や銃の所持については基本的に規制すべきではないという立場なのだ。

リバータリアンのカリスマである共和党のロン・ポール下院議員（テキサス州）は、マリファナを取り締まるDEA（連邦麻薬取締局）とオバマ政権を「個人の自由の侵害だ」と厳しく批判し続けている。ポールは80年代のレーガン政権による「麻薬との戦い」の頃から一貫して、連邦政府の薬物取り締まりに反対している筋金入りだ。

保守論壇誌「ナショナル・レビュー」もコロラドの大麻解禁に「これは個人の自由の勝利だ」といち早く祝いの言葉を贈った。同誌は96年から大麻解禁を主張し続けている。「大麻は決していいものではないが、大麻を取り締まり、逮捕し、裁判し、刑務所に入れる人的・金銭的コストに比べると、大麻の社会的な害は小さすぎる」、「禁酒法は組織犯罪の利益になっただけで、国に何も良いことを残さなかった」というのが論旨だ。

「ナショナル・レビュー」誌は80年代のレーガン政権による、いわゆる「保守革命」のオピニオンリーダーだった。アメリカは30年代以降、ずっとリベラルが支配していた。ローズヴェルト政権が始めたニューディール体制は、福祉による資本再分配、政府の市場への介入、規制強化による社会民主主義的な中央集権的政策だった。ニューディールは実に強団で、50年代に共和党のアイゼンハワーが大統領になっても体制は崩せなかった。一方当時のアメリカの保守は、赤狩りのマッカーシー上院議員や、ジョン・バーチ協会のように、KKKとあまり変わらない、人種差別と反ユダヤ主義と反共とキリスト教原理主義が入り混じった、素朴で粗野で無教養で暴力的で狂信的な田舎者ばかりだと思われていた。いわゆる「旧保守（オールド・ライト）」である。

だが、イエール大学出身のウィリアム・バックレーは55年に創刊した雑誌「ナショナル・レビュー」で、差別的な旧保守を批判し、ニューディールを乗り越える保守理論を構築しようとした。「保守主義の父」エドマンド・バークの伝統的保守思想を研究し、フリードマンやハイエクなどの新自由主義経済の思想をアメリカに紹介し、それは「新保守（ニュー・ライト）」という新思潮となり、80年代にレーガン政権の理論的バックボーンになった。08年にブッシュ政権が終わるまで続いた保守体制のイデオロギー的な基礎を作ったのが「ナショナル・レビュー」だった。「小さな政府」「規制緩和」を求め続けた同誌が大麻解禁を称賛したのは、首尾一貫しているわけだ。

ところが、保守系シンクタンク、ヘリテージ財団の大麻に対する主張は逆だった。同財団は今回のコロラドの大麻解禁に対して青少年に深刻な悪影響を与えると批判した。マリファナについては保守のなかでも主張が分裂しているわけだ。たしかに自由市場競争を信奉するヘリテージ財団からすれば、戦争も競争もしない怠け者になるマリファナは銃以上の絶対悪だろう。

ちなみに大麻の食欲増進作用が怖いから、オイラはやってません！

アメリカを操ってきたもの⑤　スーパーPACと最高裁

金権政治を憲法で保障してしまった連邦最高裁

2014年5月

現在、アメリカの大企業や大資本からの政治資金はほとんど野放しだ。その扉を開けたのは、2010年に最高裁が出した「シティズン・ユナイテッド判決」だった。

08年、大統領予備選に出馬したヒラリー・クリントンを批判するドキュメンタリー映画を、シティズン・ユナイテッド（市民連合、以下CU）という保守系のPACがテレビで放送しようとした。PACとは「政治活動委員会」の略で、政治家と直接接触しないで勝手に応援する団体。というのも、政治家への献金は上限が決められていたので、もっと献金を投入したい金持ちの受け皿として勝手応援団PACが作られたのだ。PACだと一人5000ドルまで寄付できる。だが、企業や団体の献金は依然、禁止されていた。

このCUの反ヒラリー映画の放送は、選挙の不正を取り締まる連邦選挙委員会（FEC）によって、選挙違反にあたるとして止められた。CUは「憲法で認められた言論の自由の侵害だ」とFECを訴え、最高裁にまで進んだ。FECは「言論の自由は個人の権利だが、団体には認められない」と反論した。最高裁が出した結論は、CUの勝ち。団体や企業であっても、それは法人、つまり法的人格であり、人間のようなものだから言論の自由もある、というアクロバットな論拠だった。

この判決によって、PACへの企業や団体による政治献金に金額の上限がなくなった。またたく間に数十億ドル規模の巨大PACが40以上も乱立した。これをスーパーPACと呼ぶ。

12年の大統領選では共和党の予備選からスーパーPAC同士の戦争になった。大企業や大富豪から莫大な資金を得たPACが、プロパガンダCMをテレビで大量に流したのだ。特にミット・ロムニーのスーパーPAC「レストア・アワ・フューチャー」と、ニュート・ギングリッチの「ウイニング・アワ・フューチャー」は互いを誹謗《ひぼう》中傷するCMをテレビで朝から晩まで流し続ける泥仕合を展開した。結局、ゴールドマン・サックスなど金融業者から最大の資金援助を受けたロムニー、いや「レストア・アワ・フューチャー」が

CMの量で他の候補を圧倒し、予備選を勝利に導いた。まさに選挙が合法的に金で買える時代になったのだ。

公正な選挙を守るはずの最高裁が、それを破壊するスーパーPACを生んだのは偶然ではない。08年の大統領選挙で、バラク・オバマがインターネットを通じて9500万ドルもの寄付を集めたからだ。若年層を中心に1300万人が一口100ドル以下の寄付に参加した。若年層の支持が薄い共和党がこれに対抗するには、大企業や大富豪から大口の寄付を得られるようにするしかなかった。そして、最高裁は、共和党の要望にCU判決で応えたのだ。

アメリカを支配するのは大統領よりも最高裁

最高裁が特定の政党の利益になるように憲法解釈するなんて！　と思うかもしれないが、最高裁の判事は最初から特定の政党の利益になるように任命されるのだ。

最高裁では9人の判事の多数決で違憲判断をする。CU判決を下した5人の判事は全員、共和党の大統領によって指名されている。首席判事ジョン・ロバーツとサミュエル・

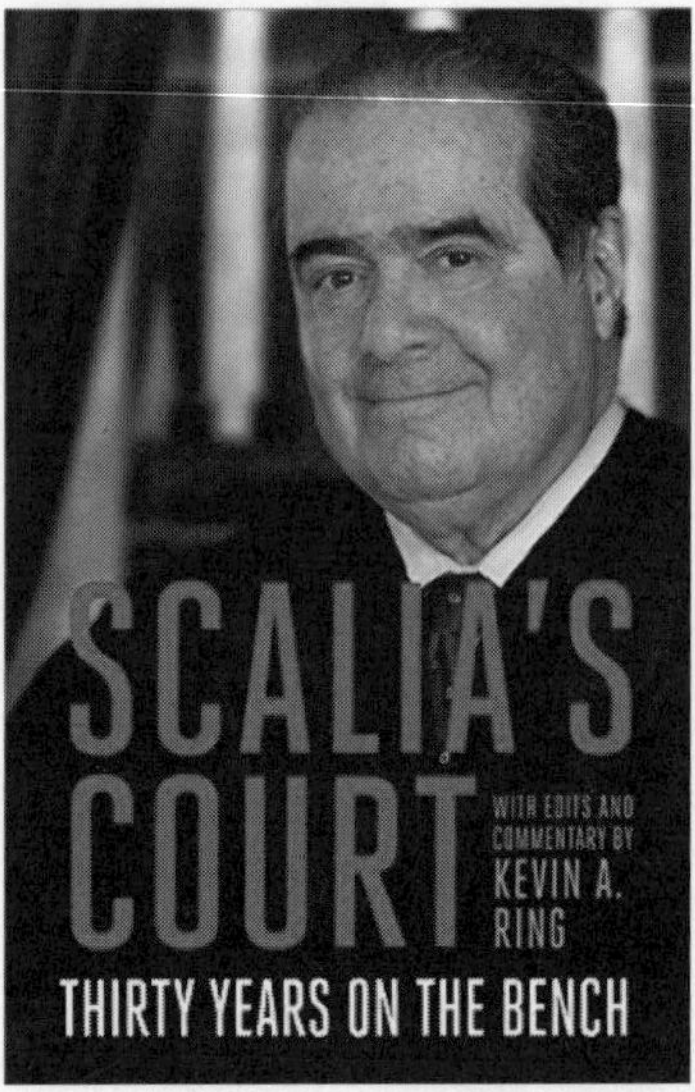

任命から30年にわたる判事人生を描いた評伝『スカリアの最高裁法廷』

アリートは子ブッシュ、クラレンス・トーマスは父ブッシュ、アントニン・スカリアとアンソニー・ケネディはレーガンに任命された。一方、反対した4人は全員、民主党の大統領に指名された判事で、ルース・ベイダー・ギンズバーグとスティーブン・ブライヤーはクリントン、エレナ・ケイガンとソニア・ソトマイヨールはオバマに任命された。

最高裁判事は終身で、大統領でも更迭することができない。誰かが死ぬか引退した時しか任命できない。だから任期最高8年の大統領よりも長く影響力を持つ。いや、実際、大統領以上に大きくアメリカの歴史を変えてきたのだ。

1953年、共和党のアイゼンハワー大統領は、最高裁長官にアール・ウォーレンを任命した。保守的だと思ったからだ。ウォーレンは予備選でアイゼンハワーと大統領候補の座を争った共和党員で、しかも第二次大戦中、カリフォルニア州の地方検事だったウォーレンは、日系人の強制収容を支持していた。

ところがウォーレンは強制収容を深く後悔していた。最高裁長官になった彼は、54年の有名な「ブラウン判決」を下した。南部の公立学校における白人と黒人の人種隔離を違憲としたのだ。ここから、南部の黒人の人権を獲得するための公民権運動に火がつき、65年には黒人の参政権も認められた。

しかもウォーレンは、差別や偏見に満ちた他の最高裁判事を説得し、教育した。映画『十二人の怒れる男』で、イタリア系の少年を偏見で有罪と決めつけた11人の陪審員たちをたった一人で根気よく説得して全員一致の無罪を勝ち取ったヘンリー・フォンダのキャラクターはウォーレンを意味しているといわれる。ウォーレンが率いる最高裁は「ウォーレン・コート」と呼ばれ、弱者の人権を守る画期的な憲法判断を次々に下していった。たとえば、弁護士料がない刑事被告人に税金で弁護士を雇う制度や、黙秘権や弁護士をつける権利を告知せずに逮捕できない制度は、ウォーレン・コートから生まれた。60年代のアメリカが人権先進国だったのは、民主党のニューディール政策以上に、ウォーレン長官の力でもあったのだ。

ウォーレンは69年に辞任したが、彼の薫陶《くんとう》を受けた最高裁はその後もウォーレンの意志を継ぎ、73年には人工中絶を女性の権利として合憲とした。

中絶に反対するキリスト教福音派はこれに怒り、聖書の教えに従う最高裁判事任命を求めて大統領選の投票に動員をかけ始めた。80年に大統領選に立候補したロナルド・レーガンは福音派の意向に沿うことを約束し、彼らの票に支えられて当選した。そして4人の判事を任命した。そのうちサンドラ・デイ・オコナーはウォーレンと同じく、就任してからはリベラルな裁定を続け、アンソニー・ケネディも中道寄りにシフトしたが、最高裁長官には、人工中絶の権利に反対していたウィリアム・レンキストを任命し、彼は19年にわたって保守的な判決をリードした。同じくレーガンに任命されたアントニン・スカリア判事も、イタリア系カトリックの立場から保守的な判断でレンキストを支えた。

こうしてリベラルなウォーレン・コートは解体され、レーガンが作った保守的な最高裁チームが、以降のアメリカ政治の保守的潮流をバックアップし続けた。そして彼らは大統領さえ決めてしまった。

2000年の大統領選で共和党のブッシュと民主党のゴアがフロリダ州における票差わずか327票で拮抗《きっこう》した時、票の数え直しをするかしないかが最高裁に預けられた。レンキスト長官、スカリア、トーマスら共和党大統領に任命された5人の判事はブッシュの勝利を決定した。共和党に選ばれた判事が共和党の候補を大統領にしたわけで、それって民主主義的にどうなの？　しかも、その後ブッシュはイラク戦争や金融危機で世界中をメチャクチャにした。その責任は最高裁にもあるのだ。

もう人種差別の問題はない？

08年にはオバマ大統領が当選し、ソトマイヨール（プエルトリコ系）、ケイガン（ユダヤ系）という二人のマイノリティで女性の判事を任命したが、依然として最高裁はジョン・ロバーツ長官（首席判事）はじめ、共和党寄りの判事が過半数を占めていた。

14年4月22日、最高裁は、公立大学の入学における「アファーマティヴ・アクション（差別是正措置）」を禁じるミシガン州法を合憲とした。

アファーマティヴ・アクションとは、大学や企業が、少数民族を優遇して入学または入社させることで、学生や社員の民族構成が実際の住民の人口比と等しくなるのが理想とされる。アファーマティヴ・アクション（直訳すると積極的行動）という言葉を最初に使ったのはケネディ大統領だった。60年代の公民権運動のなかで、就職において差別され、貧困のために教育が受けられないアフリカ系の人々を救済するために始まった。しかし、白人にとっては逆差別だと批判されてもいた。

03年、ミシガン大学の法科大学院に不合格になったバーバラ・グラッターという白人女性が、アフリカ系がアファーマティヴ・アクションで成績を上乗せされて入学するのは、個人の平等を規定する憲法修正第14条に反すると訴えた。ちなみに第14条は南北戦争後、黒人の人権を守るために作られた条項である。この時は、最高裁は大学側を支持した。

ところが06年、ミシガンでは、公立大学で少数民族を優遇して入学させることを禁じる州法が州民投票で認められた（ミシガン州の8割は白人）。そして今回は、その州法に合憲判決が出たのだ。根拠は同じ修正第14条である。

ロバーツ長官は「もう人種差別は問題ではない」と言うが、ソトマイヨール判事は「差別は今も問題です」と怒り、アファーマティヴ・アクション禁止判決に反対して58ページもある意見書を提出した。

「プエルトリカンである私はアファーマティヴ・アクションのおかげで大学に進み、こうして最高裁で働いているのです」

しかし、ソトマイヨールと同じくアファーマティヴ・アクションの恩恵を受けたアフリカ系のトーマス判事は「もう差別の是正は必要ない」と主張している。トーマスは自助努力を推奨し、福祉の行き過ぎを批判する、典型的な「黒人勝ち組」共和党員である。

「憲法を骨抜きにしてやったぜ」と自慢する最高裁判事

アファーマティヴ・アクションと投票権法は、白人が多数を占める州がマイノリティを疎外しないよう、連邦政府が規制するシステムだ。150年前、南部の奴隷制を連邦政府がやめさせたように。ところが今の最高裁は各州の放埓《ほうらつ》を見逃し続けている。

5月5日には、ニューヨーク州グリースという町の議会でキリスト教の祈りを捧げることが、憲法修正第1条に定められた「信仰の自由」に反すると訴えられて最高裁に上げられた。ユダヤ系のケイガン判事は「公共の場所を一つの宗教だけに限定するのは明らかに違憲だ」と主張したが、例の共和党五人衆によって祈りは合憲とされた。アリート判事は言う。

「政教分離は建国以来、アメリカの民主主義の要石でした」

そう、信仰の自由を求めた人々が作った国だから。

「そんなもの、早く捨てるべきでした」

え？　捨てちゃうの？　そう、アリート判事は厳粛なカトリックなのだ。同じくイタリア系のカトリックであるスカリア判事も修正第1条そのものに反対だ。

「去年は投票権法を、今日は憲法修正第1条を骨抜きにしてやった。次の標的を探さなきゃ」

憲法を守るべき最高裁判事が建国の理念を傷つけて自慢するなんて……。スカリア判事は公平な憲法判断をする気がなく、マイノリティへの差別意識やリベラルに対する敵対心を隠そうともしない。何を言っても最高裁判事は罷免《ひめん》されないから傲慢きわまりない。当然、暴言も多いが、その暴言ゆえにティーパーティなどの右派からは絶大な人気がある。

最高裁判事とティーパーティの癒着

グリーンバーグ・クインラン・ロスナー・リサーチの世論調査によると、米国民の半数以上が「最高裁の判決は客観的でなく、判事の政治的、宗教的イデオロギーに左右されていると感じている」。

『最高裁の神話』の著者エリック・シーガル教授はCNNで最高裁を改善する方法を語った。まず、判事の寿命によって国の方向が決まるのは奇妙なので、他の判事と同じく任期制にし、他の判事と同じく財務記録を公開すべきだと。

実はトーマス判事とスカリア判事には資本家との癒着疑惑がある。トーマスの妻（白人）は過激な保守運動ティーパーティの活動家で、10年、ティーパーティのパトロンであるコーク兄弟が主催した「共和党資金提供者ネットワーク」のイベントにトーマスとスカリアが参加している。その二人がスーパーPACを生む判決を下したのだから公正性に非常に疑問が残る。

議会からは最高裁判事の腐敗を取り締まる「最高裁倫理法案」が提出されたけど立法化されないだろうね。だって最高裁がNOと言ったらおしまいだから！

追記　16年2月、最も共和党寄りだったアントニン・スカリア判事が急死した。オバマ大統領は空席に新たに判事を任命する義務があるが、当然オバマはリベラルな判事を選ぶだろうから、リベラル5人、保守3人、中道（ケネディ）1人という内訳になってしまう。

しばらく最高裁判決は共和党に不利になる。そこで共和党は挙党一致で次の大統領に代わるまでオバマ在任中は新判事の承認を拒否すると宣言した。もちろん、それは司法の運営に対する妨害になるが、共和党はもうなりふり構っていない。その意味でも今回の大統領選は重要なのだ。

アメリカを操ってきたもの⑥　肥満と大企業

「ピザは野菜？」ミシェル・オバマのジャンクフード戦争

2014年6月

大学の劣等生たちを描いた傑作コメディ『アニマル・ハウス』で、デブのジョン・ベルーシは学食でがつがつ食っていると、優等生から「豚みたい」と言われ、口いっぱいに頬張った食べ物をまき散らして「フード・ファイト（食べ物戦争だ）！」と叫ぶ。それと同じようなことが現在、アメリカの学校給食をめぐって起きている。

子供の3人に1人は肥満

「これはまったく受け入れがたいことです！」

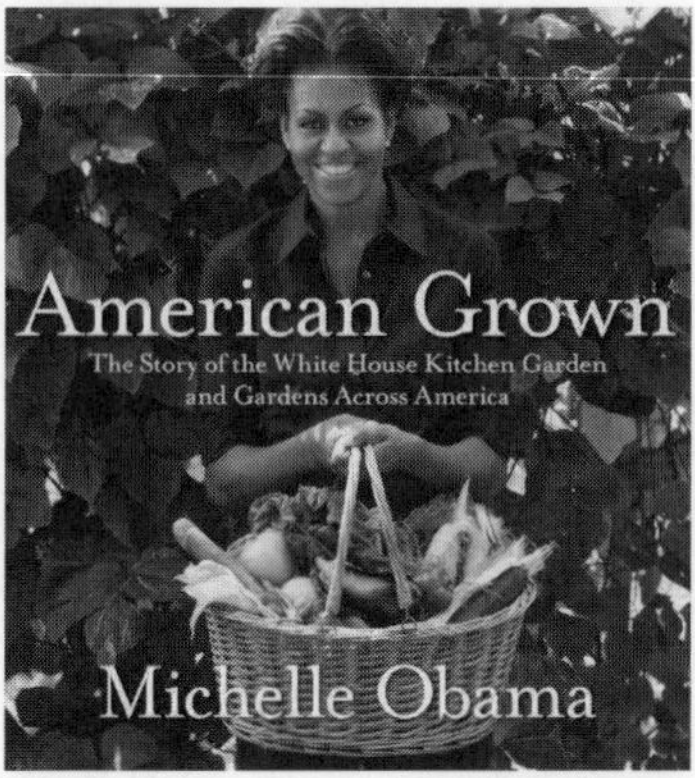

ホワイトハウスの家庭菜園生活を紹介したミシェルの『アメリカン・グロウン』

2014年5月27日、ミシェル・オバマ大統領夫人は珍しく強い語調で嘆いた。

「ファーストレディとしてではなく、子を持つ親として許せません！」

彼女は、農業への補助金などの予算を決定する下院歳出委員会が、ミシェルが10年に法制化した「ヘルシー・ハンガーフリー・キッズ・アクト（健康で飢えることのない子供たち法、以下ヘルシー法）」の規制を緩和したことについて怒っている。

ヘルシー法は、アメリカの公立学校の給食を栄養価の高いメニューに改善する法律。オバマ大統領の就任以来、ミシェルが「肥満の根絶」のために取り組んできた運動「レッツ・ムーヴ」の一環だ。

現在、アメリカの子供の3人に1人が肥満で、糖尿病の危険があるという。また近年、米軍の入隊資格検査で4人に1人が肥満や糖尿病で不合格になる。医療保険改革で、貧困層の医療保険を税金で負担するようになったが、年間に米国民が必要とする糖尿病のための医療費は1000億ドルを超えるという。肥満は亡国の病だ。

ヘルシー法は給食のメニューから栄養価が低く、肥満の原因になるジャンクフードを排除するものだ。コーラやジュース、フライドポテトやフライドチキン、キャンディやゼリー……。アメリカの学生食堂では、この法律ができるまでコーラを出していたという事実に驚く。

というのも、アメリカの公立学校は州や市の予算で運営しているのだが、州も市も財政破綻したところが多く、学校に給食を運営する金はない。そこにコカ・コーラやピザハットなどの大企業が入り込む。彼らは格安で商品を提供するばかりか、体育用具やパソコンなどの費用を寄付することもある。そのため、全米9万6000校の75%は給食で冷凍ピザなどのジャンクフードを出している。貧しい地区の学校にはコーラの自動販売機が置かれていたりする。

貧乏人ほど肥満で栄養失調

ヘルシー法は、ジャンクフードの代わりに野菜や果物の提供を義務付ける。パンやパスタ、トルティーヤも全粒粉のものに限られる。問題はカロリーではない。同じカロリーのパンやジュースでも、小麦の表皮や胚芽、食物繊維が含まれていると消化に時間がかかり、ゆっくりと燃焼する。しかし、精白された穀物や食物繊維のないジュースは糖質の塊だから、一瞬で吸収され、燃焼しきれずに脂肪として体内に蓄積されてしまう。

自然界には純粋な糖質はほとんど存在しない。必ず繊維などと一緒になっている。人間や動物の体は、純粋な糖質を食べるようにできていない。砂糖は一人一日に小さじ6杯程度が限界で、それ以上摂り続けると糖尿病になる。

「給食を変えたとしても、家に帰って食べすぎれば同じだ」という意見もあったが、それは違う。アメリカ人の肥満は食べすぎのせいではない。肥満の子供は貧困層ほど多い。太っているが、実は栄養失調で飢えているのだ。

アメリカ人の6人に1人、約5000万人が必要な栄養が摂れていない「飢餓状態」にある。そんな貧困層に、連邦政府は食費の補助として一人一日3～4ドルを支給しているが、その額でできるだけカロリーを摂ろうとすると、牛肉やパスタやポテトチップスやコーンフレークを食べることになってしまう。

なぜなら牛肉と穀物の値段はここ30年で約4割も安くなっているから。コーンの生産者価格はタダ同然だ。それでも農家が暮らせるのは、連邦政府の農業補助金があるからだ。補助金の84％は穀物に、15％は畜産にあてられる。穀物も畜産も巨大メジャーが支配する輸出産業で、政治とつながっている。しかし、政治的な力を持たない野菜農家が受け取れる補助金はわずか1％。だから野菜の値段は30年間で約4割上がった。

小麦やコーンの加工品は純粋な糖質に近いので、急激に吸収されて血糖値が上がり、一時的な満腹感はあるが、すぐに空腹に襲われる。だからまた食べる。常に満たされない飢えた状態になる。砂糖依存症だ。だが全粒粉や野菜が一緒なら腹持ちがいいだけでなく、カルシウムやミネラルなど必要な栄養素も摂れる。精白された穀物や糖質にはない栄養が。

野菜の買えない〝食料砂漠〟

ところが、たとえ頑張って野菜を食べようとしても買えない。貧困層の住む地域にはスーパーマーケットがない。野菜が買えない地域を「フード・デザート（食料砂漠）」と呼ぶ。全米で2350万人がフード・デザートに住んでいる。生鮮食料品は巨大なトレーラーで巨大な駐車場のある巨大なスーパーに運ばれるが、貧しい地域にある小さな食料品店には野菜は配達されない。あるのは缶詰やパスタ、ソーセージくらいだ。そんな地域では、栄養失調で体の発達に異常があり、砂糖依存症で学習能力や知能に障害がある子供が増えている。

そんな子供たちを救うためにミシェルは給食を改善しようとしている。現在、全米の9割の学校がヘルシー法の基準を守って給食を運営しているという。

学校給食の現場に栄養士はいないのか？　もちろんいる。全米5万5000人の栄養士による学校栄養協会（SNA）という団体もある。ところが、彼らこそがヘルシー法に反対し続けているのだ。

今回の下院歳出委員会では、共和党議員たちが、SNAの栄養士たちの証言を盾に、ヘルシー法を批判した。野菜や全粒粉のトルティーヤが食べられないままゴミ箱に捨てられ、子供たちはフライドチキンを懐かしんでいるというのだ。そして、下院で過半数を占める共和党は、経済的な理由でヘルシー法に従えない学校を免除する法案を可決してしまった。

砂糖と油漬けの食べ物に慣れた子供たちにブロッコリーやニンジンを食べさせるには時間がかかるだろう。問題は、栄養士が栄養価の高い給食に反対したという奇妙な事実だ。

実はSNAの予算1000万ドルのうち半分は、冷凍ピザ大手のシュワンズ・フードなどジャンクフード企業からの寄付なのだ。ミシェルは「2010年に議会を通過し、SNAも納得したヘルシー法に今さら横槍を入れるなんてどうして?」と憤っているが、実はSNAは昨年、ロビイストを替えた。バーンズ&スロンバーグという全米ライフル協会をクライアントに持つ凄腕のロビー会社に。

そもそも、ミシェルのレッツ・ムーヴ運動自体にコカ・コーラやピザハットなどのジャンクフード企業が莫大な寄付をしている。学校給食という巨大な市場を奪われないためだ。ヒラリー・クリントンが医療保険改革をしようとした時、共和党と保険業界は反対したが、同時に保険業界はヒラリーの活動に莫大な寄付をしたのと似ている。大企業は莫大な資金力で政策を骨抜きにしてしまう。

おかげで妙なことになった。連邦議会は「ピザは野菜である」と採択したのだ。ヘルシー法によって油とチーズと炭水化物の塊であるピザが排除されそうになると、ピザ業界の影響を受けた共和党議員たちが「ピザにはトマトソースが入っているから野菜だ」と強弁して、給食のメニューに残してしまったのだ。トマトソースには大量の糖分が入っているというのに。しかも、たいていは砂糖ではなく、トウモロコシから激安で作れるコーン・シロップだ。

この下院歳出委員会は、ヘルシー法に対して「予算が高すぎる」「食べ物の面倒まで見てやる必要はない」と反対しながら、その何倍もの予算を穀物補助に回している。100円のハンバーガーが可能になったのは、牛に安いトウモロコシ飼料を与えて、牧草の2倍のスピードで大きくできるようになったからだ。でも、子供たちは牛じゃないよ!

中米から押し寄せた５万人以上の子供難民の責任でオバマを弾劾？

２０１４年８月

オバマ大統領の弾劾を共和党が画策している。ボーダー・クライシス（国境の危機）はオバマの責任だというのだ。

２０１３年10月から14年６月にかけて５万２０００人の不法移民が流入した。彼らは、今までのような隣国メキシコから職を求めて来た労働者ではない。

まず、みんな子供だ。幼い子供たちが親の付き添いなしでパスポートも持たず、着の身着のままで国境を越えて来た。

その子たちは、メキシコの南のホンジュラス、グアテマラ、エルサルバドルから、５０００㎞もの道のりを越えてやって来た。親たちが、我が子が殺されないように、母国から脱出させたのだ。

その中米3ヵ国は、現在、世界で最も殺人事件が多い地帯で、特に国連によって世界で最も危険な国にランキングされているホンジュラスは、人口約810万人の小国だが、年間に7000人以上が殺されている。

殺しているのはギャングたちだ。クーデター以降の政治の混迷、凄まじい貧困、異常に高い失業率、教育の不足で、ホンジュラスの子供たちには、ギャングに入るしか生きる道がない。

たとえばホンジュラスで最も危険な街、サン・ペドロ・スーラでは、マーラ・サルヴァトルチャとバリオ18という2つのグループが街を二分して戦闘を続けており、街のあちこちに死体が転がっている。学校はほとんど機能しておらず、子供たちはライフルが持てる大きさに育つとギャングに誘われる。そして通過儀礼として人殺しを経験させられるのだ。断れば殺される。

子供を死なせたくない親たちに、ギャングは誘いをかける。一人6000〜8000ドルでアメリカに逃がしてやるという。それは中米では年収以上の額だが、愛する我が子の命には代えられない。親たちは必死で金を集めて、ギャングが雇ったコヨーテ（運び屋）に子供を託す。

子供たちはトラックに乗せられ、何日もかけてメキシコを縦断し、テキサス州やアリゾナ州沿いの国境にたどり着く。橋のないリオ・グランデ川を命がけで越える。国境沿いには高いフェンスがそびえているが、コヨーテによって抜け穴が掘られている。

そこを越えると、砂漠や荒野だ。力尽きた不法移民の死体をついばむハゲタカを横目に見ながら、子供たちは歩き続け、国境警備隊に保護される。

当初、オバマ政権は彼らを母国に送還したが、すぐにやめた。送り返したら殺されるかもしれないからだ。彼らはホロコーストから逃げて来たユダヤ人と同じ「難民」なのだ。だからといって、各地の収容所にひしめいている5万人以上の子供たちをどうすればいいのか。

共和党は、この事態をオバマの責任だとしている。12年にオバマ大統領はＤＡＣＡ（入国時若年者への滞在延長措置）を実施した。親に連れられてアメリカに不法入国した時に16歳以下だった者は現在２００万人いるが、彼らが正式に申請すれば、2年間のアメリカ滞在を許可され、合法的に働くこともできる、というプログラムだ。

「ＤＡＣＡが中南米の子供たちを呼び寄せてしまったのだ」

オクラホマ州選出のジム・ブライデンスタイン下院議員（共和党）はそう決めつける。

でも、中米の貧困や混乱にはアメリカにも責任がある。80年代のレーガン政権は、ニカラグアのサンディニスタ民族解放戦線による社会主義政権を倒すために右翼勢力コントラを組織して、隣国ホンジュラスをその基地にした。グアテマラとエルサルバドルでもアメリカが右翼勢力を支援して内戦が続いた。どの国も戦場と化し、民主的な政治や経済の発展、国民の教育が致命的に遅れた。

ちなみにニカラグアからの難民は現在、アメリカにほとんど来ていない。ニカラグアの犯罪率は中米の他の国より格段に低く、ギャング問題を抱えていないからだ。現在、ニカラグアの大統領であるダニエル・オルテガは、レーガンがあれだけ必死に倒そうとしたサンディニスタの指導者である。

弾劾なしでも訴訟はあり？

それでも、共和党の大半は不法移民問題についてオバマを責めている。

「大統領は弾劾されるべきだ」

アイオワ州選出のスティーヴ・キング下院議員（共和党）も言う。CNNの調査では、米国民の33％がオバマ弾劾に賛成している。

弾劾するには、下院を多数で支配している共和党が決議をすればいい。しかし、ジョン・ベイナー下院議長は「共和党としては弾劾するつもりなどない」と否定した。

「弾劾の噂は、おそらく民主党が寄付集めのために広めたのだろう」

たしかに民主党は弾劾に備えて寄付を求め、700万ドル以上を集めた。

そもそもオバマ弾劾は法的に無理だ。合衆国憲法第2条第4節には弾劾の条件として「反逆罪、収賄罪またはその他の重罪及び軽罪」と定められている。たとえオバマが政策を誤ったとしても、それで弾劾はできない。

だから国民の33％が弾劾に賛成、という数字もあまり意味がない。クリントンもブッシュも2期目の終わりには弾劾を求めるパーセンテージは同じくらいだった。

ところが弾劾しないと言ったベイナーが、7月30日、大統領を職権濫用で訴えると議決した。議会が大統領を訴えるなんて前代未聞で、弾劾よりも無理筋だ。提訴の理由は医療保険改革をゴリ押ししたことだというのだが、今さら何を言ってるのか。10年に議会を通過し、最高裁の合憲判決も出ているのに。

これは11月の中間選挙を睨んでの政治的パフォーマンス以外の何物でもないだろう。特にベイナーのような共和党主流派は、オバマに何が何でも敵対しないと、右派の票が取れないのだ。

実際、ベイナーの片腕だったエリック・カンター院内総務（当時）は、当選7回で下院のナンバー2だったが、6月のバージニア州での党内予備選で、「カンターはオバマに妥協的だ」と叩く無名のティーパーティ系候補に惨敗した。彼のように選挙で落ちるのが怖いから、共和党に支配された下院はオバマのすべての政策に反対し、政治がまるで進まない不毛な事態が続いている。

「難民は侵略だ！」

オバマは中米に帰せない子供たち5万人のために37億ドルの臨時予算案を提出したが、共和党はそんな大金は出せないと拒否した。テキサス州のルイ・ゴーマート議員などは「これは侵略だ」「侵略に対しては軍を出せ」などと演説した。ガリガリに痩せた貧しい難民の子供たちを侵略者として軍隊で蹴散らすの？

共和党も闇雲に反対するだけで、何の策も講じないわけにはいかないので、独自の不法移民法案を出そうとしたが、党内の意見はまとまらなかった。奴らを強制送還しろ！　と叫ぶ白人議員が多いのは事実だが、その一方で、マルコ・ルビオやマリオ・ディアス・バラートなど、共産主義国キューバからの難民2世の議員も多い。

また、白人の人口が減少するなかで、共和党は人口が増えているカトリックを支持層に取り込む必要がある。彼らの多くはヒスパニックで、中米からの難民の味方だ。

法案をまとめられなかったベイナー議長は「国境問題の解決には、大統領が早急に、下院の承認なしに大統領令を発するべきだ」とコメントした。あんた、その前日に、大統領を職権濫用で訴えると言ったばかりじゃん！　どっちやねん！

もし、アメリカが子供たちを送還するなら、自由の女神像は撤去すべきだ。その足元にはこう書かれているのだから。

疲れた者たち、貧しい者たち
自由の空気を求めてひしめく者たち
岸辺で拒まれた哀れな者たちを
私に送りなさい

家もなく、嵐に打たれた者たちを
ここに来させなさい

残虐行為を繰り返すＩＳを生んだ米国のデタラメ外交

２０１４年９月

オレンジの囚人服を着て、剃髪《ていはつ》された男性が、黒覆面の男の足元にひざまずいている。囚人服の男性は「真の殺人者はアメリカだ」と言った後、覆面の男にナイフで首を切断される。２０１４年８月19日にネットで配信された、ＩＳ（イスラム国）によるアメリカ人ジャーナリスト、ジェームズ・フォーリーの処刑ビデオだ。

ＩＳはシリア国内で勢力を拡げ、国境を越えてイラク北部を制圧し、首都バグダッドを目指している。オバマ政権はこれに１５０回を超える空爆を加えたが、ＩＳは報復としてフォーリーを処刑した。

「アメリカ人に危害が加えられるなら、我々は容赦しない」

翌日、オバマはＩＳへの怒りを表明。だが、ＩＳはさらにもう一人のアメリカ人ジャーナリスト、スティーブン・ソトロフを斬首した。

他にもISの残虐行為が報じられていった。捕虜を水責めで拷問し、生きたまま十字架に手足を釘で打ち付けて磔《はりつけ》にしたという。オバマはISの「卑劣な暴力行為」を批難し、「このガンが拡がらないように排除すべきだ」と中東諸国に呼びかけた。ジョン・ケリー国務長官もこの「凶悪で不道徳な残虐行為」において「ISは滅ぼされねばならない」と表明。「ニューヨーク・ポスト」紙は斬首の写真を一面に掲げ、「野蛮人どもめ！」と見出しをつけた。

しかし、抜本的なIS対策を提示しないオバマは、共和党の絶好の攻撃対象になった。「オバマがやらないなら我々が先にやる」と、下院議会で多数派を占める共和党の院内総務ケヴィン・マッカーシーは軍事行動への決議を示唆し、16年の大統領選挙に出馬する予定のマルコ・ルビオは「ISこそオバマとヒラリーの弱腰外交の結果だ！」と最有力候補ヒラリーを牽制した。ランド・ポール議員はリバータリアンなので「アメリカをまた中東の戦争に引きずり込むな」と不干渉を主張していたが、前言を撤回し、世論に乗って「空爆が最善だ」と言い出した。

ティーパーティ系のテッド・クルーズ上院議員は「ISが石器時代に戻るほど空爆すれ

ばいい」と言った。かつて米軍の戦略空軍の参謀、カーティス・ルメイ将軍が北ベトナムに対して言った言葉の引用だ。実際、アメリカは第二次大戦時に日本やドイツに落とした総量を超える数の爆弾を北ベトナムに落としたが、結局負けた。本当の敵は北ベトナムという国家ではなく、南ベトナムの人々を次々にベトコン（南ベトナム解放民族戦線）に変えていった反米意識だったからだ。敗軍の将を真似してどうする？

「対テロ戦争」を掲げたブッシュも、イラクとアフガニスタンに凄まじい空爆を続けた。世界最大の軍事力を誇るアメリカに対する「畏怖」を与えるためだと言って。地上戦力も投入し、大量の犠牲者を出した。しかし13年後の今、イラクではIS、アフガンではタリバンが暴れている。アメリカに対する畏怖は消え失せた。育成したイラク軍はISを見て、戦いもせずに逃げ出した。対テロ戦争にアメリカは勝てなかったのだ。

なぜか。対テロ戦争の敵は国や軍ではないからだ。タリバンにもアルカイダにもISにも、降伏させるべき政府も、陥落させるべき首都も、占領すべき領土も、掌握すべき人民もいない。それなのにブッシュは従来の国と国との戦争のつもりだった。テロと関係のないイラクを侵略し、首都に進撃し、フセインを殺せば、それで勝つと思っていた。ところが、領土を占領して親米政権を樹立してもテロは続いた。テロでは米軍だけでなくイラクやアフガンの住民も狙われた。敵はナショナリズムや民族自決とは無縁の国際的ネットワークだからだ。

今までの戦争の敵である国や軍は、一つの獣だった。手足を完全に潰せば死ぬ。脳を破壊すれば死ぬ。だが、タリバンやアルカイダは菌のようなものだ。どれが頭かわからない。全体の形も曖昧で流動的。殲滅《せんめつ》したつもりでも、いつの間にか湧いてくる。どこにでも浸透してくる。

オバマはアルカイダを倒すため、幹部やウサマ・ビン・ラディンをネイビーSEALsやドローンで殺していった。全員殺しても何も変わらなかった。アルカイダには国家や軍隊のようなピラミッド型のヒエラルキーはなかったからだ。

英米が世界に見せたアルカイダのゲリラ訓練のビデオは幻想だった。英米でアルカイダと言われる者たちによるテロが未遂も含めて次々と起こったが、犯人たちは英米生まれで、訓練どころかアルカイダのメンバーと接触すらしていない者も多かった。ネットで反米思想に目覚め、勝手にアルカイダを名乗って行動を起こした。まるで菌に感染したように。

野蛮人はどちらだ

ＩＳも当初、アルカイダの一派だと言われた。だがアルカイダの指導者アイマン・アル・ザワヒリに批判されてもＩＳは暴れ続けた。ＩＳはアルカイダと違って「国家」を名乗り、指導者のアブー・バクル・アル＝バグダーディは「カリフ」、つまりすべてのイスラム教徒のリーダーであると宣言した。国であり元首がいるなら戦いやすいかと思うが、そうでもない。まずイラク国内のＩＳの勢力範囲はアメーバのように不定形で流動的で、攻撃すべき拠点がない。拠点はシリアにあると言われるが、アメリカは手を出したくない。アサド政権を助けることになるからだ。

シリア内戦はアサド政権の独裁に対する民衆蜂起で始まった。アメリカもアサド政権打倒を望み、反政府側に武器を援助したが、そのなかで抗争の末に最大の勢力に成長したのがイラクから来たＩＳなのだ。

似たようなことは過去にもあった。80年代にソ連がアフガンに侵攻した時、蜂起したイスラム系ゲリラ、ムジャヒディーンをアメリカは軍事援助した。ソ連を撃退できたので、アメリカがアフガンを放置しているうちに、ムジャヒディーン内の派閥抗争で穏健派の北部同盟が負け、過激派のタリバンが政権を握り、9・11テロでアメリカを攻撃した。

オバマはISというガンの排除を中東諸国に呼びかけたが、どこが呼びかけに応じてくれるのか。可能性があるのはなんとイラン。ISはスンニ派であり、シーア派であるイラン政府はISの拡大を懸念しているからだ。

79年のイラン革命以来、アメリカとイランは不倶戴天《ふぐたいてん》の敵で、イラン・イラク戦争の時、レーガン政権はフセイン政権を後押ししていた。フセインだけでなく、イスラム原理主義と共産主義を抑えるためにアメリカは中東の独裁者たちを援助してきた。ところがブッシュはフセインを滅ぼし、オバマはアサドを滅ぼそうとして、ISを生んでしまった。そして今やイランしか頼れる者がいなくなったのだから、アメリカの外交政策のデタラメさには呆れるしかない。

敵味方の分別が難しいといえば、ISには多くの英米人がいる。フォーリーとソトロフを斬首したISの黒覆面男は、ロンドン訛りの英語をしゃべっていた。声紋分析で英国人モハメド・エムワジだと推定されている。

また、シリアでの戦闘で死んだIS兵の一人がアメリカ人だと判明した。81年イリノイ州生まれのダグラス・マッカーサー・マケイン。マッカーサー元帥とマケイン上院議員という米軍の英雄二人を合体させた名前の彼は、バスケとヒップホップが好きな普通のアメリカ人で、家族は彼がＩＳに入ったことを知らなかった。現在、ＩＳに所属する欧米出身者は２０００人。英国人が５００人、米国人が１００人と推測されている。英米国内にも当然いるはずだ。調査によればアメリカ人の７割が９・11のような米本土でのテロを恐れている。テロ戦争には戦線も国境もない。

「ニューヨーク・ポスト」紙はＩＳを「野蛮人」と呼んだが、この13年間、ネットに溢れていたのは、アメリカ軍による野蛮な行為の映像だった。イラクへの空爆に始まり、アブグレイブ刑務所でのイラク捕虜虐待、戦死したタリバン兵に小便をかける米兵……。水責めを先に始めたのもブッシュだ。野蛮人はどちらだ。

9月10日、オバマ大統領は対ＩＳの新方針を発表した。やはり地上軍は投入しないが、「シリア領内への空爆もためらわない」と述べた。これがどんな結果をもたらすのか。その翌日はあのテロから13回目の9・11だった。

追記　シリア領内のＩＳへの空爆はアメリカではなくロシアが継続している。その結果は、住む家を失ったシリア難民のヨーロッパへの大量流出だった。

貧乏人や女性や若者に投票させないための「投票者ＩＤ法」は共和党の最後の延命策

２０１４年11月

毎年、ハロウィンでは、その年を代表するコスプレが各メディアで取り上げられるが、「ワシントン・ポスト」紙が「２０１４年のチャンピオン」に選んだ写真は、ルース・ベイダー・ギンズバーグの仮装をした赤ちゃんだった。

ギンズバーグはユダヤ系で史上二人目の連邦最高裁判事。判事のなかで最高齢の81歳。他の8人と並ぶといちばん小さなお婆ちゃんだが、その正義感は誰にも負けない。70年代、ギンズバーグはアメリカ自由人権協会の弁護士として、離婚における財産分与の男女平等など、歴史上重要な裁判を勝ち抜いてきた。クリントン大統領（当時）に最高裁判事に任命されてからも、最高裁では数少ないリベラルとして、女性やマイノリティの権利を守る側に投票し続け、理不尽な裁定に果敢に異議を表明してきた。

そのギンズバーグの仮装がチャンピオンに選ばれたのは、テキサス州の「投票者ＩＤ法」に果敢に立ち向かったからだ。

「この意図的で差別的な法律の執行は、国民の選挙に対する信頼への脅威です」

10月18日、ギンズバーグは、テキサス州の「投票者ＩＤ法」に対して異議表明書を発表した。テキサス州議会は11年に、選挙で投票の時、運転免許証やパスポートなどの写真入りＩＤ（本人確認書類）の提示を義務付ける法を成立させた。目的は「なりすまし」による不正投票を防ぐためだという。

連邦司法省はこれを憲法違反の疑いで無効とした。免許証やパスポートを持たない人々の投票権を奪う人権侵害だからだ。司法省によると、その数は最大で60万人。テキサスの登録済み有権者数の4・5％にあたる。

アメリカは巨大な田舎だ。自動車がないと生活できない。ニューヨークなどの大都市を除いて、公共の交通機関は不便極まりない。それでもアメリカには運転免許を持たない人たちが大勢いる。身体障碍者、極貧層（黒人やヒスパニックに多い）、免許を失効してしまった老人。また、テキサスで投票可能な年齢の女性の34％が運転免許を持っていない。彼らは日々生きるのも大変だが、今度は投票権すら奪われてしまう。

免許証がなくても運転免許試験場に行けば写真入りIDを作ってもらえるが、バスで行くのは往復で何時間もかかるし、出生証明書を有料で入手しなければならないし、役所は土日が休みなので、レストランやスーパーで働く低賃金労働者は平日に仕事を休まなければならない。そこまでする余裕が彼らにあるだろうか？

そもそもテキサス州では投票者ID法について郵便などで州民に告知していない。新聞やTVやネットの政治ニュースを意識して見ない人々（貧しい黒人やメキシコ系に多い）は、何も知らないまま投票所まで行って、追い出されることになる。

この事態を防ぐために司法省は投票者ID法を無効にしたのだが、テキサス州政府は控訴した。11月4日の中間選挙が迫っていたので、緊急に連邦最高裁による違憲判断が求められた。最高裁判事たちは6対3で、投票者ID法を違憲としないことを決めた。投票日が近すぎるというのがその理由だ。つまり11月4日の選挙は投票者ID法の下に行われた。この事態にギンズバーグは憤る。

「この法律はまるで人頭税です」

彼女が言う人頭税とは、南北戦争の後、黒人の参政権を奪うために作られた策のひとつ。1863年の奴隷解放直後、北軍の監視下で南部の黒人たちは初めて選挙に参加し、黒人議員も生まれた。しかし、リンカーン暗殺の後、北軍が去ると、南部各州の議会は黒人の投票を制限するさまざまな法律を作った。識字テストに合格することや税金を払うことが投票の条件とされ、当時ほとんどが極貧で字も読めなかった黒人は参政権を実質的に剝奪《はくだつ》された。そうした選挙妨害の法律はジム・クロウ法と呼ばれた。ジム・クロウとは、白人が顔を黒く塗って黒人を演じるミンストレル・ショーという芝居の登場人物で、ずるくて怠け者でマヌケでバカという黒人への侮蔑に満ちたキャラクターだ。

このジム・クロウ法は100年近く続いたが、60年代、キング牧師が南部の黒人差別撤廃を訴えた運動によって、黒人の参政権は保障された。そして、各州が投票に関する法律を変える際は連邦政府の許可が必要になった。だから今回、司法省が介入したのだ。

「なりすまし防止」はウソ

これはテキサスだけの問題ではない。現在までに全米で30以上の州議会が投票者ＩＤ法を成立させている。どの州も法案を提出したのは共和党議員で、共和党が多数を占める州議会で議決され、共和党の州知事によってサインされた。ミネソタ、ミズーリ、ニューハンプシャー、ノースカロライナ州の知事は民主党で、議会から上がってきた投票者ＩＤ法に拒否権を発動した。

アフリカ系初の司法長官エリック・ホルダーは、こうした投票者ＩＤ法と戦い続けたが、最高裁は彼を助けなかった。判事9人中5人が共和党の大統領に任命された保守派だからだ。

なぜ共和党はこれほど投票者ＩＤ法に必死なのか？　共和党は移民や福祉、差別是正措置、国民皆保険などに敵対し、白人富裕層寄りの政策を続けて来たので、黒人やヒスパニックの貧困層、老人、女性からの支持が少ない。そしてこうした人々は写真入りＩＤを持たない率が高い。

共和党が主張する「なりすましによる不正投票を防ぐため」というのは嘘の理由だ。公正な選挙を求める研究団体ブレナン公正センターなどの調査によると、00年以降、「なりすまし」が発覚した例は10件にすぎなかった。全米1億4600万人の登録済み有権者に対してわずか10件だから、もうほとんどゼロに等しい。

その10件のために作られた投票者ＩＤ法で投票権が奪われる人々の数は最大で500万人を超える。その数は00年や04年の大統領選挙の勝者と敗者の得票差を超えている。つまり、この投票者ID法は国政を決するファクターになる。

「この投票者ID法があればオバマに勝てる！」

投票者ID法のほとんどは11年に提出されたが、その翌年にはオバマ再選をかけた大統領選挙があった。ペンシルベニア州で投票者ID法を提出した共和党院内総務マイク・ターツアイは、共和党委員会の演説で「投票者ID法があれば、ロムニーはオバマに勝てる」と本当の目的を漏らしてしまった。ペンシルベニアは接戦州なので、ここを勝ち取ることは大統領選挙において重要だ。同州の投票者ID法は違憲とされて却下されたが、サウスカロライナ、ウィスコンシン、カンザス、ジョージア、インディアナなどの接戦州の共和党が投票者ID法を成立させた。

大統領選は州ごとに決められている「選挙人数」を、その州で勝ったほうが「全獲り」する方式だが、テキサスの選挙人数は38人もいる。これは大きい。

テキサスは80年以来、共和党が常勝し続ける「赤い州」だが、それも長くは続かないと予想されている。共和党を支持する白人は現在マジョリティだが、6年後にはマイノリティに転落するからだ。国勢調査の人口推移から計算すると、20年にはテキサスの人口の58%が非白人になる。しかも残る白人の半分は女性だ。共和党が今の政策を続けたら、もう票を集めることはできない。

マジョリティとマイノリティの逆転は、アメリカ全体で確実に迫っている現実だ。その流れに、共和党は投票者ID法で必死に逆らおうとしている。

また、テキサスでは大学生の学生証を投票時のIDとして認めていない。全国的に30歳以下の有権者にはリベラルが多く、同州でもテキサス大学のあるオースティンではいつも民主党が勝っている。ニューハンプシャー州議会でも11年に共和党が投票者ID法の強化で学生の投票を排除しようとした。州議会議員のウィリアム・L・オブライアンは「バカで人生経験が浅い若者がリベラルに投票するのを防ぐために必要だ」とやはり本音を漏らして問題になった。「いや、わしも若い頃はバカでリベラルだったからさ」と言い添えたが、今は利口なの？

テレビでは保守系コメンテイターたちが堂々と投票権の制限を主張している。右翼DJの重鎮ラッシュ・リンボーはラジオで「衣食も自分で賄《まかな》えずに福祉の世話になってる連中に投票させるな」と叫び、右翼コメンテイターのアン・コールターは「婦人参政権さえなければ、民主党が選挙に勝てなくなるのに」とグチった。自分も女性なのに！　ティーパーティの創始者ジャドソン・フィリップスにいたっては「不動産を所有していない者には投票権を与えるべきでない」とまで言っている。たしかにアメリカ建国時は、土地を所有する白人男性にしか投票権はなかったが、230年以上前に逆戻りかよ！　それに、そもそもアメリカの土地は先住民から奪ったものじゃないか。

テキサスの投票者ID法は学生証を認めないのに、銃の携帯許可証はIDとして認めている。保守的なテキサスでも大学生の過半数は民主党支持者。そして銃所持者の大半は共和党支持者である。

だから、コメディアンのスティーブン・コルベアは「投票者ID法はあまりにまわりくどい！」と呆れてこう言った。

「いっそ、堂々と共和党員以外の投票を禁じれば？」

全米で燃え上がる「黒人の命も大事だ」運動にオバマは打つ手なし

2014年12月

「お宅の近所で暴動が起こっているそうですね」と、日本の友人に心配されたけど、暴動じゃないって！　筆者の住むカリフォルニア州バークレー市では2014年12月6日から毎夜デモが続いているが、まったく平和的で問題ないから！

たしかに初日には、投石で警官3名を含む計4名の怪我人が出て、警官隊も催涙弾を撃ったので「一部が暴徒化」と報道されたが、そうした破壊活動をしたのは、わずか10人ほどの「ブラック・ブロック」だった。

ブラック・ブロックというのは、黒いパーカとバンダナで顔を隠し、市民運動に飛び入りして破壊活動をする連中で、彼らはアナキストを標榜《ひょうぼう》し、スターバックスやアップル・ストアなどの大規模チェーン店をターゲットにする。今回のデモでも、筆者が行きつけのスーパー「トレーダー・ジョーズ」の窓を黒フードの男がスケボーで割る映像がネットに上がっている。でも、すぐに他のデモ参加者たちに囲まれて「これは非暴力の運動だぞ！」と罵声を浴びせられていた。警官の暴力に抗議するデモで暴力を振るったら意味がないからね。

このデモは、ミズーリ州ファーガソン市とニューヨーク市スタッテン島で、銃を持っていない黒人が警官に殺され、2件とも起訴されなかったことに対する抗議運動だ。デモはバークレーだけでなく、ロサンゼルス、シアトル、ボストンなど全米に拡がっている。

8月9日、ファーガソン市で、武器を持っていない黒人少年マイケル・ブラウン（18）がパトロール中の白人警官ダレン・ウィルソン（28）に射殺された。ブラウン少年は身長2m近くもある大男で、コンビニから力ずくで葉巻を強奪した帰り道で、しかもパトカーに近づいて手を伸ばしてきたので撃った、とウィルソン巡査は言う。ところが彼は、腕に弾を受けて逃げたブラウンをさらに撃ち、合計6発も撃ち込んでいる。過剰防衛もいいところだ。ところが、地元警察はウィルソンを逮捕しなかった。

「黒人なら殺してもいいと思ってるのか！」

ファーガソンの黒人住民たちは怒り、抗議デモが始まった。警官を裁判にかけろ、と。

起訴されるのはわずか0・4%

起訴するかどうかは、アメリカのいくつかの州では、大陪審で決められる。「大」とついているのは、普通の裁判の陪審より多い16〜23人の陪審員で構成されることが多いからだ。この陪審が決めるのは有罪か無罪か、ではなく起訴すべきかどうか、つまり少しでも有罪の可能性があるかないか、だけ。

ファーガソン市のあるセントルイス郡の大陪審は12人。うち白人は9人、黒人は3人。セントルイス郡の人口の7割は白人だが、ファーガソン市に限ると6割以上が黒人だ。大陪審は11月24日、多数決で不起訴を決めた。

これに対して全米で抗議運動が拡がった。警官による射殺事件があまりにも多く、起訴されることがあまりに少ないからだ。オハイオ州のボウリング・グリー

「黒人の命も大事だ」運動のTシャツ

ン州立大学の調査によると、近年、全米では年平均1000人もの市民が警察官に射殺されているが、そのうち、起訴されるのは4件程度にすぎない。

警察は各州のものなので、連邦政府は関与できない。それでもオバマ大統領は何らかの対策を提示せざるをえず、12月1日、パトロールする警官の制服の胸に小型のビデオカメラを携行することを義務付ける法案と予算を組むと発表した。カメラ携行を実施した地区での警察による銃器使用率は6割下がると言われている。

しかし、すぐにオバマのカメラ案は無意味と判明した。

7月、ニューヨーク市スタッテン島の路上で黒人男性エリック・ガーナー(43)が白人警官ダニエル・パンタレオ(29)にチョークスリーパーをかけられた。パンタレオの腕は喉にガッチリと食い込んだ。ガーナーは計11回も「I can't breathe.(息ができない)」と繰り返したが、彼が死ぬまでパンタレオは腕を放さなかった。その一部始終が、通行人のスマホで撮影されていたのだ。

ガーナーはルージー(バラのタバコ)の売人だった。ニューヨーク市のタバコ税は高い。1箱7ドルほどのタバコに約6ドルも税金が上乗せされる。そこでトラック運転手などは隣の州でタバコを何カートンも買って、ニューヨークに入ってからガーナーのような売人にそれを売る。売人は通りすがりの人に、1本75セントくらいでタバコを売る。そんなみみっちい商売を取り締まるために殺す必要があったのか？　しかもニューヨーク市警は逮捕時の絞め技を禁じていたのに。

起訴のため、大陪審21人がスタッテン島の住人から選ばれた。そのうち白人は12人で、残りは黒人とヒスパニックだった。ただ、スタッテン島というのはマンハッタン島で働く警官や消防士のベッドタウンだ。パンタレオの家族も警官や消防士だった。12月3日、大陪審は不起訴を決定した。殺人現場の一部始終がしっかりビデオに撮られていても不起訴だから、どうしようもない。

大陪審は検察の言いなり

まず、大陪審という制度に問題がある。これは大昔の英国で生まれたが、アメリカだけで今も続いている。本来の目的は官憲の恣意《しい》的な起訴から市民を守るための市民による権力のチェックである。大陪審の審議は密室で行われ、その内容は基本的に公開されない。それは無実の者が起訴されようとした時にその人のプライバシーなどを守るためだ。

ところが、現在は完全に形骸化してしまっている。大陪審では事件の説明は検察から一方的に行われる。被告側の反論はない。だからたいてい大陪審は、検察の求める通りに起訴を承認するだけになっている。そのため、こう言われている。

「大陪審はハム・サンドイッチの起訴だって認める。検察がそれを求めれば」

ただ、起訴する相手が警官となると話は逆だ。検察は警官の汚職には厳しいが、警官が「任務行動中」に起こした暴力事件については擁護するようで、先述のように1000件にたった4件程度しか起訴されない。

大統領としては、警官の暴力を規制する新しい連邦法を作るという策もある。60年代の黒人公民権運動に対して南部各州は警察を使って激しく弾圧したが、ジョン・F・ケネディとリンドン・ジョンソン大統領は公民権法を制定して、それを止めた。しかし、先の中間選挙で上下院を共和党に支配されてしまった状況で、それは難しい。共和党は警察権力と州の自治権を守る側だからだ。

ガーナーの遺族はニューヨーク市警を相手どり、7500万ドルの損害賠償を請求した。こうした民事訴訟が警官の暴力への抑止力になるといいが。

全米で「Black lives matter（黒人の命も大事だ）」運動が続いている。NFLのセントルイス・ラムズの黒人選手たちは試合開始時に「手を挙げているから撃たないで！」のポーズで入場した。NBAのレブロン・ジェームズやコービー・ブライアントも「息ができない」と書かれたシャツを着て試合前の練習に出た。黒人コメディアンのクリス・ロックは「黒人が殺され過ぎて、絶滅危惧種みたいだな。いや、違う。絶滅危惧種は法律で保護されているから」というジョークで皮肉った。

でも、これは黒人だけの問題ではない。ファーガソンでは、デモ鎮圧のために警察が軍用装甲車と高性能火器で重武装したSWATを出動させたこともショッキングだった。01年の9・11テロ以来、国内のテロに備えて米軍の兵器が各地の警察に支給された。その戦争の道具を市民に向けようとしたのだ。

ガーナーが絞め技で殺される映像を見て、関東大震災直後に憲兵隊の甘粕正彦大尉が無政府主義者の大杉栄とその内縁の妻と甥を拉致し、柔道の絞め技を使って3人を殺害した事件を連想した。でも、あれは軍国主義時代のこと。自由主義のリーダーであるはずのアメリカでこりゃないよ。

第3章

トランプの予備選無双

2015年2月〜12月
史上最悪の大統領の弟から共和党のアイデンティティ・クライシスまで

トランプに敗れた候補たち④
ティーパーティのお気に入りスコット・ウォーカーと、史上最悪の大統領の弟ジェブ・ブッシュ
２０１５年２月

２０１５年２月現在、次期大統領選挙で、共和党の候補になるのは、スコット・ウォーカーとジェブ・ブッシュが有力だと言われている。二人とも州知事経験者だ。

「州知事はいい大統領になる」

アメリカではよく言われる。39代大統領だったジミー・カーターはジョージア州知事で、次のロナルド・レーガンはカリフォルニア州知事で、レーガンの副大統領だった父ブッシュの次のビル・クリントンはアーカンソー州知事で、次のジョージ・W・ブッシュはテキサス州知事だった。

「どこが、いい大統領やねん！」とツッコミを入れたくなるが、アメリカ人が国政経験者より州知事を大統領に選ぶ傾向が半世紀ほど続いているのは事実だ。

その理由はいろいろ説明されている。まず、アメリカの州は日本の県と違って、それぞれが強い自治権を持ったステート（国）である。その知事は国家元首にも近い。だから、連邦議会の議員なんかよりもはるかに大きな責任とリーダーシップを持つため大統領にふさわしい――。

もう一つの理由は、アメリカに根強い中央集権への嫌悪である。そもそもアメリカは建国時に、各州を独立した国家として連合させようとするリパブリカン（共和派）と、各州の上に連邦政府を置こうとするフェデラリスト（連邦派）との闘争の果てに、なんとか後者が勝って始まった国だ。

その後も連邦政府と州の自治権の戦いは続いた。南北戦争はそれが南部の分離独立にまで発展した。その後も連邦政府＝腐敗というイメージは続いた。たとえばフランク・キャプラ監督の『スミス都へ行く』（39年）では、腐敗した上院議会に、田舎から来た新米議員が立ち向かう。そこでは首都ワシントンに住む議員たちがロビイストによって利権に溺れ、理想を忘れる姿が描かれている。

富豪たちが支援する財政タカ派

さて、スコット・ウォーカーとジェブ・ブッシュとは、どんな人物か。

16年の予備選が始まるアイオワ州で行われた世論調査で一番人気だったスコット・ウォーカーはウィスコンシン州知事。大学を中退して22歳で州議会下院に立候補した彼は15年現在、まだ47歳。ゴリゴリのデフィシット・ホーク（財政タカ派）で、増税や福祉、組合に反対して、共和党の極右運動ティーパーティの絶大な支持を受け、10年に州知事に当選した。

就任するとすぐに、州の財政赤字解消のため、州職員の給与や福利厚生の大幅な削減を断行。そのために州法を変えて、州職員の団体交渉権も禁じてしまった。これに抗議するため公立校の教職員など10万人の組合員は州会議事堂に集まり、1週間にわたって座り込みをする姿がテレビで全米に中継された。

ウォーカーは90万人の署名によって12年にリコールされたが、再選挙では、民主党のトム・バレット候補を53対46のポイント差で下して再選された。ウィスコンシンは大統領選挙ではいつも民主党が勝つ「青い州」であり、そこでリコールを撥《は》ねのけたウォーカーは大統領選挙でも期待されている。

しかも、ウォーカーには大金持ちの支援者たちがついている。州の組合員が議事堂で抗議したとき、彼らに立ち向かったのは、ウォーカーを支持するティーパーティ運動家たちだった。実は、石油化学工業のドン、コーク兄弟の資金で集められた州外の人々だったのだが。

コーク兄弟に操られるウォーカー知事を揶揄したミーム

州知事リコール選挙でもコーク兄弟やウォルマートの創業一族ウォルトン家などの州外の億万長者がウォーカーに6350万ドルという莫大な選挙資金を提供し、すさまじい量のテレビCMで対立候補を圧倒した。

大富豪たちがウォーカーを支援しているのは、彼が大統領になって、資本家や大企業に有利な政策、たとえば環境汚染に対する規制緩和や、富裕層への減税などを実現してくれることを期待しているからだ。

ウォーカーの「保守度」は共和党の政治家のなかでも群を抜いている。予想の的中率で定評のある選挙分析家ネイト・シルバーが主宰するサイト「ファイヴサーティエイト」は、さまざまな政治家の法案への投票や発言すべてを数値化して100点満点で表した「保守度」を発表しているが、それによればウォーカーの「保守度」は57点。ニクソンは22点、レーガンは44点。あの子ブッシュですら46点、そして極端に右傾化したと言われる11～12年の共和党の下院議員の平均も48点にすぎない。

共和党の最右翼ウォーカーは党内の予備選挙には勝てるかもしれない。だが、右寄りすぎて本選挙では中間層の票を得るのは難しい。

ジェブ・ブッシュの弱点は「苗字」

その点、現実味があると言われるのが、ジェブ・ブッシュ。保守度は37点だ。

99年から07年までフロリダ州知事を務めたジェブ・ブッシュ（53年生まれ）は、共和党のなかでは最も早く大統領選への出馬を表明した。

ブッシュの資金力はウォーカーを超えている。12年の大統領選でオバマに敗れたミット・ロムニーが今回は不出馬を決めたため、ロムニーを支援していた金融関係の大口支援者がごっそりジェブ・ブッシュ支援に乗り換えたからだ。

さらにジェブ・ブッシュは、人口が増えているヒスパニック票を集められる。ジェブは17歳でメキシコに渡り、現地の子供に英語を教え、メキシコ人女性と結婚した。だからスペイン語が堪能で、ヒスパニックに人気がある。だから移民政策についても寛容。共和党は保守的な白人票を集めるために厳しい移民政策を取ってきたので、国民の17％を占めるヒスパニックの支持を減らしたが、彼ならそれを取り戻せると言われていた。

保守論壇誌「ナショナル・レヴュー」のジェブ特集。苗字が鬼門？

ただ、14年、ジェブ・ブッシュは、不法移民の市民権獲得を支援するオバマ大統領の法案には反対してしまった。それは予備選で勝つために右派の支持を得ようとしたためだと言われる。でも、せっかくのヒスパニック票を減らしてしまう。

それ以上にマイナスなのは、ブッシュという苗字だ。兄ブッシュは今も史上最悪の大統領の一人に数えられている。彼が始めたイラク・アフガン戦争の泥沼からアメリカは抜け出せないばかりか、混乱が続くイラクではIS（イスラム国）が勢力を拡げている。

そもそも、兄ブッシュを大統領にしたのはジェブだと言われている。兄ブッシュと民主党のアル・ゴア候補が激突した00年の大統領選挙では、フロリダ州における537票の差で兄ブッシュが勝利したが、その時のフロリダ州知事がジェブだったのだ。投票日前、彼は犯罪歴のある州民1万2000人の有権者登録を抹消した。後に、同姓同名の無関係な人々の登録まで抹消されたことが判明した。消された人々の4割にあたる4800人はアフリカ系で、彼らは民主党に投票する可能性が高かった。繰り返すが、票差は537だった。

劣等生でアルコール依存症だった兄ブッシュに比べるとジェブは優秀と言われるが、彼の3人の子供は全員、警察の厄介になっている。こういう話を聞くと、ケネディ一族を思いだす。かつてケネディ兄弟が3人も政界に入ったので「ケネディ王朝」と言われたが、彼らは事故や薬物中毒、レイプ事件などで消えていった。

ジェブが大統領になれば「ブッシュ王朝」と呼ばれるだろう。そんなものを望んでいる国民がいるのだろうか。ジェブの母親バーバラさんですら、14年4月にテレビでこう言ってたよ。

「ジェブは優秀だけど、国民の皆さんはもうブッシュはうんざりでしょ」

追記　スコット・ウォーカーは大統領に最も近い男と言われていたが、いざ予備選レースがスタートすると世論調査の支持率が伸びず、15年9月には早々に出馬を取りやめた。

ジェブ・ブッシュは共和党主流派のコネを活かして、候補者中最大の1億ドル以上の資金を集めたが、支持率は低迷し、16年2月のサウスカロライナ予備選の惨敗で撤退した。

トランプに敗れた候補たち⑤

「世界が火事だ」と子供を脅かす福音派候補テッド・クルーズ

２０１５年５月

１９５０年代に赤狩りでアメリカを疑心暗鬼の地獄に陥れたジョセフ・マッカーシー上院議員は、人相も悪役丸出しなので気の毒だ。でも、よく見ると、下まつ毛がムダに濃くて長い。『あしたのジョー』の力石徹や、山上たつひこのマンガに出てくるヘンタイの電器屋さん、半田溶助の目と同じだ。

２０１６年の大統領選に共和党から出馬を表明したテッド・クルーズ上院議員も同じ目をしている。マッカーシーと似ているのは顔だけじゃない。どちらも共和党の最右翼で、恐怖戦術の使い手だ。

「もし、我々が次の大統領選を勝たなければ、アメリカという世界の歴史上最も偉大な国を失う危険があります！」

15年3月15日、ニューハンプシャーの共和党委員会で、クルーズは聴衆の危機感を煽った。

「オバマとヒラリーの外交政策によって、この世界全体が炎上している（on fire）のです！」

母親に連れられてきた3歳くらいの少女がびっくりして思わず聞き返した。

「世界が火事（on fire）なの？」

普通なら「内乱や紛争が増えているという意味だよ」とか説明すべきなのに、クルーズはさらに重ねた。

「そう！　世界が火事なのだ！」

子供を脅かすなよ！

クルーズの脅かしかたは、「The End is Nigh（この世の終わりは近い）」と書いたプラカードを掲げてアメリカの街角

下まつ毛に注目？「タイム」のクルーズ特集。「十分に好感が持てますか？」

に立っているキリスト教福音派（聖書原理主義者）の伝道師に似ている。実際、クルーズの父は福音派の牧師で、彼自身も福音派である。今回の出馬宣言も、福音派のための大学、リバティ大学のオーディトリアムで行われた。この大学の創立者ジェリー・ファルウェルは、1973年に最高裁が人工中絶を合法化したことに怒って、米国民の全人口の3割を占める福音派による政治圧力団体モラル・マジョリティを結成し、80年の大統領選挙では福音派を投票に動員してロナルド・レーガンを当選させた。

ファルウェルは、エイズや9・11テロは同性愛者への天罰だと言っていた。クルーズも15年3月10日、アイオワ州のラジオで同性婚の脅威を訴えた。

「アイオワ州や、私の選挙区であるテキサス州の議会では、同性による結婚を州法で禁止しようとしています。もし、それが憲法違反だとして連邦政府が介入するならば、我々の自由にとって本当の危機です！」

州の自治権にとっての危機だと言いたいのだろうが、結婚の自由の侵害のほうはどうなっているのか。

4月9日にクルーズはやはりアイオワで、同性愛の客へのサービスを拒否する権利を認めたインディアナ州法に抗議するゲイの人々を、「キリスト教徒に対して聖戦（ジハード）

を挑んでいるんです」と批難した。本当のジハードをしているイスラム教はゲイを禁じてるのに。

クルーズの過激で攻撃的な発言は止まらない。4月16日には支持者向けのメールで市民に武装を勧めた。

「憲法修正第2条が個人に銃の所有を認めているのは、狩猟のためではありません。家族や財産を国家の暴政から守るためです。自由を守るためです！」

アメリカを債務不履行寸前に追い込んだ男

テッド・クルーズは70年生まれ。ハーバードを出て弁護士になり、子ブッシュ政権の司法省副次官、テキサス州の訟務長官などを歴任した後、12年の上院議員選挙に立候補した。ライバルは共和党主流派のテキサス州副知事デヴィッド・デューハーストだったが、ティーパーティの推薦を受けたクルーズはデューハーストを「中道過ぎる」「生ぬるい」と徹底的に攻撃し、上院議員としてデビューした。典型的な「ティーパーティ議員」だ。

クルーズの名を世界に広めたのは、13年10月の米政府シャットダウンだ。彼は、オバマケアがあるうちは予算案を通すなと共和党を扇動した。16日間のシャットダウンの経済損失は240億ドル。国民の74%は「責められるのは共和党だ」と調査に答えた。

クルーズのやりかたに反対した共和党の穏健派マケイン上院議員は「彼もこの失敗で学んだはずだ」と語ったが、クルーズはその後、「妥協しなかったオバマが悪い」とコメントした。妥協しなかったのはどっちだよ！　マケインさん、こいつ、何も学んでないよ！

批判ばかりで代案はなし

クルーズの理論はいつもどこかおかしい。3月17日、テレビのトークショーで彼はこんなことを言い出した。

「先日、ニューハンプシャーに行ったんですが、寒かったですね。だから地球温暖化なんて嘘ですよ。温暖化を信じている連中は、ガリレオを否定して、地球は平たいと言っていた連中と同じだね」

ニューハンプシャー州の緯度は北海道と同じだから3月は寒くて当たり前だよ！　それに温暖化否定派をガリレオにたとえるのは話が逆。ガリレオは科学者で、彼を弾圧したのは聖書の記述を盲信するクルーズのようなキリスト教徒だった。

それに温暖化については、調査会社ハリス・インタラクティヴが07年に489の科学論文を調査したところ、97%が事実だと認めている。温暖化を否定する論文の出どころは、CO_2規制をされると困る石油企業の出資したシンクタンクがらみだけだった。

それにガリレオが主張したのは地球が太陽の周りを回っているという地動説であって、地球が球体である事実は、ガリレオが生まれる前の大航海時代にコロンブスやマゼランが身をもって証明してるよ！　クルーズは名門プリンストン大学を出て、ハーバードで法律を学んだエリートなのに、いつも話が雑すぎる。

14年7月24日、クルーズは議会でオバマを激しく批判した。

「彼は大統領としての業務よりも資金集めに時間を割きすぎだ」

ところが15年4月23日、新司法長官のロレッタ・リンチを承認する大事な投票があったのに、クルーズは欠席した。大統領選の資金集めパーティに出るため、地元テキサスに帰ったのだ。ブーメランかよ！

最近はなんとクルーズ自身がオバマケアに加入したことが判明！　アメリカに莫大な損害まで出して反対したくせに！

オバマケアを撤廃すると騒いでいた頃も、それでやっと保険に加入できた1200万人をどう救済するのか、代案を出さなかった。クルーズはいつもそうだ。14年11月、オバマが大統領令によって不法移民の子供たち500万人のアメリカ滞在を認める大量恩赦を発表した際も激しく反対したが、代案はやはりなかった。

父はバーサー、息子はカナダ生まれ

そもそも、クルーズ自身も移民の子供だ。父ラファエル・クルーズはキューバに生まれ、18歳の頃、カストロによる革命に幻滅して、単身、アメリカに渡って来た。英語もできず、皿洗いなどで働きながら大学を出たラファエルは、テキサス大学で出会ったアメリカ人女性と結婚し、反射波による石油採掘技術の会社を作って、カナダのカルガリーに移住した。油田の街だったからだ。70年、そこでテッド・クルーズが生まれた。

アメリカでは国籍に関して出生地主義と血統主義を併用している。まずアメリカ国内で生まれた者は自動的にアメリカの国籍を取得する。またはアメリカ人の親から外国で生まれた者もアメリカ国籍を取得できる。カナダも同じだ。だから、クルーズはカナダとアメリカの二重国籍だった。14年までカナダの市民権を維持していたのだ。

これは大変な問題だ。なぜなら共和党は、「オバマが生まれたのは本当はハワイではなく、父親の故郷であるケニアだった。だから大統領の資格がない。辞めさせろ」とずっと騒いでいたからだ。「オバマのハワイでの出生証明書（バース・サーティフィケイト）はニセモノだ」と主張する人々を「バーサー」と呼ぶ。一時は共和党支持者の7割がバーサーだった。

ところが、カナダ生まれのクルーズに対して、大統領になる資格について問う声は共和党からは聞こえてこない。オバマの母だってアメリカ人なのに、なんであんなに騒いだんだ？

クルーズの父親はバーサーだ。教会での説教で「オバマをケニアに送り返せ！」と叫んでいた。この親父さんはティーパーティの会合で息子の応援演説をして、保守系ラジオでも配信しているが、内容がもうムチャクチャ。

「オバマは『希望』を掲げて支持された。カストロもそうだった！　オバマは社会主義者だ！　国連の陰謀でアメリカの富裕層の富を貧乏人に再分配しようとしてるんだ！」「オバマがイスラム教徒である事実を指摘できないのはPC（政治的公平さ）とやらのせいだ！」「カリフォルニアの干魃《かんばつ》はオバマの陰謀だ。我々に自然を崇拝させようとしてるんだ！」

つまりオバマは国連に操られた社会主義者でイスラム教徒でエコロジストだって？　そりゃちょっと無理だよ！

いいかげんな発言が多いのは父親譲りなのか。15年4月29日、USHCC（全米ヒスパニック商工会議所）で、テッド・クルーズは「オバマは、人種間の対立に火をつけるような決断を行ってきた」と語ったが、CNNのレポーターに「具体的に大統領は何をしたんですか？」と質問されてしまった。途端に下を向いて、しどろもどろでつぶやくクルーズ。

「その……オバマ大統領は……悪化させてきたんだ……人種的な誤解を……あのビール・サミットとか……いろいろなことをして……」

ビール・サミットは、09年7月にあったこと。ハーバード大学のヘンリー・ルイス・ゲイツ教授（黒人）が自宅に入ろうとしたのを、白人巡査ジェームズ・クロウリーが泥棒と勘違いして逮捕した事件をきっかけに人種対立が高まったとき、オバマがゲイツ教授とクロウリー巡査をホワイトハウスに招いて、バイデン副大統領も交えた4人で仲良くビールを飲んで和解させたことを指す。

あれ？　人種対立を悪化させた例として唯一挙げたのが逆かよ！

福音派はまた騙されるのか？

クルーズは大統領選への出馬を表明した史上初のヒスパニックではあるのだが、移民に対する厳しい態度のせいで、ヒスパニックたちは彼を代表だと思っていない。

デタラメなほどに右寄りなので、大統領選の本選では中間層の支持を得られないと見る向きが多い。

だが、クルーズ本人は「ニューヨーカー」誌のインタビューで勝機ありと分析している。

「レーガン以降の大統領選挙を見てみたまえ。父ブッシュはレーガンの保守主義を引き継ぐと思われたので選挙に勝ったが、実際は増税などリベラル寄りの政治をしたから再選されなかった。子ブッシュは過激に保守だったから二期も務めた。マケインは中道だったからオバマに負けた。ロムニーも同様に穏健派だったから勝てなかった」

リバティ大学での出馬宣言では「2008年の大統領選でオバマが勝ったのは、約800万人の福音派有権者が投票に行かなかったからだ。彼らが投票に行けば勝てる！」と語っている。

しかし、福音派はこれ以上騙されるだろうか。そもそも人工中絶の禁止を求めてレーガンを支持したのに、女性票を失うことを恐れて結局何もしなかった。子ブッシュは二期目に同性婚の禁止を掲げて福音派の票を集めたのに、やはり何もしなかった。宗教的な問題をエサにして大統領の座を勝ち取った彼らが行った最も大きな政策は、新自由主義による金融規制緩和、富裕層への減税、福祉の切り捨て。得したのはウォール街や富豪だけで、所得の低い福音派には何もいいことはなかったのだ。

テッド・クルーズも間違いなくウォール街の味方だ。なにしろ妻ハイジはゴールドマン・サックスの専務取締役だからね。

トランプに敗れた候補たち⑥

右でも左でもない リバータリアンの父子鷹ランド・ポール

２０１５年６月

「ランド・ポールＴシャツを買ったことをＮＳＡ（国家安全保障局）は知っている」

胸にそう書かれた赤いＴシャツがランド・ポール上院議員（共和党）の応援サイトで売られている。２００１年の９・11テロの後、ブッシュ政権はＮＳＡが議会の許可なしに個人の電話の盗聴やネットの閲覧情報の収集を認める「愛国法」を施行した。

共和党で、この愛国法に真っ向から反対しているのはランド・ポールだけ。「愛国法は国民に対するスパイ行為だ」というランド・ポールの応援サイトでは「スパイ・ブロッカー」なるものが売られている。ノートパソコンのカメラをふさぐための小さなフタに「ランド」と書いてあるだけのものだが、約１８００円。ランド・ポールの大統領選の資金になるのだろう。

ランド・ポールは63年生まれ。くるくるの天然パーマが特徴。本職は眼科医で、今もレーシックの手術などを行っている。父のロン・ポールも産婦人科医をしながら共和党の下院議員を務めた。父はリバータリアンとして第三党から大統領に立候補したこともある孤高の政治家だ。

ランド・ポールの著書『政府によるいじめ』。まえがきを父ロンが寄せている

リバータリアンは徹底した自由主義者で、右か左かという対立軸に収まらない。共和党にも民主党にもリバータリアンはいる。

ランド・ポールが注目を集めたのは13年3月、CIA長官の任命に反対して13時間ものフィリバスター（長時間の演説による議事妨害）をしたときだ。彼はCIAとオバマ大統領が行っている無人攻撃機ドローンによるテロリストの暗殺を徹底的に糾弾して、タカ派が多い共和党や保守派よりもむしろ、反戦的な民主党やリベラルから支持を集めた。

15年5月20日にもポールは議会で11時間も演説した。

「安全のために自由をあきらめるのか?」

彼は愛国法の撤廃を訴えた。

「(監視されるのは)もう沢山だ!」

というのも、愛国法は5月末で期限切れになるはずだったからだ。5月31日、上院議会で愛国法の改革案の審議が行われたが、ポールが強硬に反対したため、採決に至らぬまま深夜に達し、同法の一部が失効した。これでNSAは、6月1日から電話の通話記録収集やテロ容疑者の通信傍受ができなくなった。

問題は、ポール以外の全共和党議員が愛国法の延長を求めていることだ。

「愛国法は国内のテロリストを見つけるのに必要だった」

共和党のジョン・コーニン上院議員はマスコミの取材で、「ポールのフィリバスターは大統領選の宣伝だと思うよ」と皮肉っている。

米議会で上下院を多数支配する共和党は、いつも挙党一致でオバマ大統領の足を引っ張って来た。改革を阻止し、予算案を通さず、政府の機能を停止させたことすらある。そのなかでポールは唯一の造反者だ。

愛国法にも戦争にも反対

「ポールは間違っている」

愛国法を立ち上げたブッシュ政権の副大統領ディック・チェイニーはラジオ番組で「愛国法がないと9・11以上のテロが起こるぞ」と脅かした。だが、この共和党の大物に、ポールは6年前に、すでに一発かましている。

「ディック・チェイニーはハリバートン社のCEOとして莫大な金を稼ぎました」

09年4月7日、ウェスタン・ケンタッキー大学の講演で、ポールは、9・11と何の関係もないイラクに攻め込んだのは、チェイニーが役員を務めるハリバートン社にイラクの石油や戦後復興事業で儲けさせるためだと説明したのだ。

「私は、戦争で利益を得る人々に国防を任せたくありません」

国家よりも個人を重視するリバータリアンは基本的に自衛以外の軍事行動、外国への軍事介入を否定する。ポールは、15年5月27日にも、ケーブル局MSNBCの朝のワイドショーで「IS（イスラム国）が強大になったのは、我が党のタカ派たちが（リビアで）

無差別に武器をばら撒いたからだ」とはっきり共和党を批判した。

「アメリカが供給した武器はISの手に渡った。共和党のタカ派たちがアサド政権に空爆したのもISを助けることになった。タカ派はヒラリー・クリントン前国務長官のリビアへの軍事介入を支持していた。イラク戦争も失敗だった。イランのクーデターもだ。この20年間、タカ派たちがやってきた外交政策は、全部間違ってたんだ！」

ポールの勇気ある共和党批判に驚いたのは、ルイジアナ州知事ボビー・ジンダル（共和党）。彼は「ランド・ポールが言ってることは民主党のリベラルと同じだ」と自分のサイトに書きこんだ。

「ポールは最高司令官（大統領のこと）の器じゃない！」

黒人に対する警官の暴力にも反対

だが、ポールはリバータリアンとして一貫したことを言っているだけだ。

共和党はレーガン政権時代から「小さな政府」というリバータリアン的思想を掲げたが、外交政策では逆に力ずくの覇権主義を取った。これは明らかに矛盾している。しかも減税しながら、軍事行動を拡大した。そりゃ財政赤字が拡大したのは当たり前だ。もちろん「小さな政府」を掲げながら愛国法による国民監視を求めるのも矛盾している。

共和党のもう一つの矛盾は、警察権力の増強を支持している点。14年8月9日、ミズーリ州の貧困層の黒人が多く住む地区ファーガソンで丸腰の黒人青年が警官に射殺され、それに抗議するアフリカ系住民によるデモが起こったが、出動した警官隊をニュースで見て、みんな驚いた。迷彩服にヘルメットとボディアーマー、重機関銃、巨大な装甲車。イラクで戦う米軍にしか見えない。こうなったのは、ブッシュ政権が設置した国土安全保障省が、国内でのテロに備えて、全米の警察に軍隊並みの武装を求めたからだ。でも、まるで内戦中の軍事独裁国家だ。

「安全のために自由を犠牲にしてはいけない」

同年8月14日、ポールは「タイム」誌に警察の軍隊化に反対する論説を寄稿した。彼はファーガソンの現場を訪れ、住民と直接話した唯一の共和党員でもあった。

ファーガソンの後も各地で警官による黒人殺害事件が続いたが、FOXニュース・チャンネルなどの保守系メディアは警察を徹底的に擁護し、「警官に殺された黒人たちは何らかの犯罪者だ」「黒人が貧しく犯罪者が多いのはシングルマザーが多く、教育が不充分だからだ」と黒人の責任に帰そうとした。

「違う。黒人の貧困と犯罪の原因は政治だ」と、ランド・ポールは11月25日の「タイム」誌に反論を書いた。

「ＦＢＩのデータによると、黒人の若者が警官に殺される率は白人の21倍も高い」「麻薬犯罪で収監されている者の75％は黒人だ」

父親が逮捕されることで、子供は貧しく、親の目が行き届かなくなり、犯罪に走る。未成年の犯罪は大麻関連が多い。この悪循環を断ち切るため、ポールはまず麻薬取締法を見直すべきと主張する。

民主党と協力して大麻の非犯罪化にも尽力

15年3月、ポールは民主党のアフリカ系上院議員コリー・ブッカーと協力して、大麻を麻薬取締法の危険ドラッグ指定から外す法案を議会に提出した。現在、全米で２４０万人が刑務所に収監されているが、大麻が合法化されると、その人数は半分になるという。

さらに4月、ポールは名門黒人私大、ハワード大学で講演を行い、未成年の収監制度にも異議を示した。その演説で、ポールは、カリーフ・ブロウダーという黒人少年について語った。10年、ブロンクスに住む16歳のブロウダーは道を歩いていて突然、警官に強盗容疑で逮捕され、何の裁判も受けられないまま、33ヵ月、ブロンクス沖のライカーズ島に未決勾留された。そのうち400日間は独房だった。他の収監者から性的暴行も受けた。絶望した彼は収監中、何度も自殺を試みた。釈放後も心の傷は癒えず、自殺未遂を繰り返した。

「この国で、こんなことがあるべきじゃない！」

そう嘆いたポールは、やはりコリー・ブッカーとともに、非暴力的犯罪者の前科を封印して更生を助けるREDEEM法案を提出した。

6月9日、ランド・ポールは、ボルチモアを訪れて演説した。この黒人貧困層の街でも、4月12日に25歳の青年が警官に手足を縛られて護送車の荷台で振り回されて首の骨を折って死亡し、抗議のデモが続いている。

「この週末、一人の若者が命を絶った」

ポールは沈痛な面持ちで話し始めた。

「彼の名はカリーフ・ブロウダー、22歳だった。司法は白人少年にもブロウダーと同じことをしただろうか？」

　ポールは問いかけた。

「彼の死を改革につなげなければ」

　ポールが共和党の大統領候補予備選に勝つ見込みは少ない。彼のポリシーは共和党員の多数派である白人キリスト教徒と一致する点が少ないからだ。父ロン・ポールも08年に共和党の予備選で敗退した。

　ただ、奇跡的に予備選を勝ち抜いた場合、共和党のどの候補者よりも、中間層や非白人の票をヒラリーから奪う力を持っているのは彼なのだ。

追記　予測された通り、予備選でのランド・ポールの支持率は伸びず、16年2月3日にレースから降りた。

メール削除で追い込まれる次期大統領最有力候補ヒラリー・クリントン

2015年7月

「右翼の巨大な陰謀」

1990年代、ビル・クリントン大統領に対するさまざまな中傷について、ヒラリー夫人はそう形容した。クリントン政権は、共和党の政治家、右派シンクタンク、右派ジャーナリスト、FOXニュースや「ウォール・ストリート・ジャーナル」紙といった右派メディアなどによる保守連合によって次から次へと激しいスキャンダルにさらされ、ついにはホワイトハウス研修生モニカ・ルインスキーとの「不適切な関係」によって弾劾される事態になった。

今、ヒラリー・クリントンは2016年の大統領選挙の最有力候補として他の候補たちに大きく水をあけているが、彼女への攻撃は激しさを増す一方だ。

まず「ベンガジ疑惑」である。12年9月11日、リビアのベンガジにあるアメリカ領事館が、ロケット砲や自動小銃で武装した2000人の暴徒に襲われ、クリストファー・スティーブンス大使など4人が殺害された。事件発生直後から、共和党はオバマ政権、とりわけ国務長官のヒラリーの責任を激しく追及した。

「ヒラリーはベンガジの警備を強化するよう何度も警告されていたはずだ」

ランド・ポールは国務長官を「職務怠慢だ」と批難した。また、ヒラリーは、オバマ政権が事態を甘く見ていたことを隠蔽《いんぺい》する工作に関与したのでは、とも言われた。

14年5月、共和党議員の投票によって、ベンガジ事件調査委員会が設立され、委員長にはサウスカロライナ州選出のトレイ・ガウディ下院議員が任命された。彼はヒラリーのすべてのメールの公開を求めた。警告を無視したり、隠蔽工作を指示したりした証拠があるはずだ

「タイム」の表紙に曰く、彼女が好き？嫌い？　どちらかひとつにチェックを

と。

ところがここで、国務長官時代のヒラリーがメールに自宅のサーバーを使っていた事実が発覚した。国家機密を守るため、閣僚は政府のサーバーを使うことが義務付けられているのに。あまりに激しいスキャンダル攻撃にさらされてきたヒラリーは、政府内部の裏切り者を警戒したのだろう。

「国家機密が漏洩《ろうえい》したらどうする！」共和党は攻撃したが、残念ながらこれを罰する法律がない。結局ヒラリーは職務で使用した約3万通、5万5000ページのメールを国務省に提出し、それ以外の個人的なメールは削除したと発表した。

「証拠隠滅だ！」ガウディ委員長は激怒した。「ニューヨーク・タイムズ」紙のコラムニスト、フランク・ブルーニは「メールを削除するなんて、政治的自殺願望でもあるのか？」と呆れた。

思わず涙を流しても「計算」扱い

国務省は15年6月から、ヒラリーのメールを毎月約3000ページずつネットで一般公開している。はたして共和党が求める攻撃材料はあったのか？

「寝るときは靴下をはくと暖かいわよ」と、自分の選対のジョン・ポデスタにアドバイスのメール。自分のアシスタントには「ソトマイヨールさんに最高裁判事就任のお祝いをしたいからメアド教えて」と質問のメール。FAXの使いかたがわからなくて、スタッフとスマホで延々とやりとりするメールは、「国務長官はメカに弱い」とジョークのネタになった。つまり、どのメールも実に退屈。まったくスキャンダラスではなかった。

前出のガウディは「まだまだとことん追及する」と言っているが、そもそもベンガジ事件の責任といってもせいぜい「職務怠慢」でしかない。こんな無駄なことに税金をこれ以上使うのか。この件についての国民の関心は消えてしまった。

同じ頃、別のヒラリー攻撃が始まった。『クリントン・キャッシュ』という本が、クリントン夫妻が主宰する慈善団体クリントン財団の疑惑を指摘した。同書によれば、クリントン財団はカナダのウラニウム・ワン社から約2億8000万円の寄付を受けているが、直後に同社はロシアの国営企業ロスアトムに買収された。その買収にはアメリカ政府の承認が必要だった。つまり、寄付の見返りとして承認のために便宜を供与したのかも、というのだ。疑惑だけで、証拠はないが。

同書の著者ピーター・シュヴァイツァーは右派ネットメディア「ブライトバート・ニュース」の編集者。版元のハーパーコリンズはFOXニュースと同じルパート・マードック率いるニューズ・コーポレーション傘下。つまりこれは典型的な右派プロパガンダ本だ。当然、クリントン側は「でっちあげだ」と反論したが、なんと「ニューヨーク・タイムズ」が好意的な書評で『クリントン・キャッシュ』を擁護した。

「ニューヨーク・タイムズ」は基本的にリベラルな論調だが、以前からヒラリーには厳しい。いや、左右にかかわらずヒラリーとメディアの関係はよろしくないのだ。

08年の大統領候補をめぐる民主党予備選でヒラリーが負けたのも、メディアがオバマの味方についたせいでもあった。ニューハンプシャーで負けた時はさすがに気丈なヒラリーも思わず涙をこぼしたが、「ニューヨーク・タイムズ」のコラムニスト、モーリン・ダウドは「同情を買うために計算しての涙だ」と批判した。彼女はブッシュ批判で知られるリベラルであるにもかかわらずだ。

夫クリントンのライカビリティ(好感度)は歴代大統領のなかでも飛び抜けていて、任期7年目の99年の支持率は70%を超え、モニカ・ルインスキーとのスキャンダルの後、任期の終わりでも60%以上を維持していた。それに比べてヒラリーの場合、「嫌い」と答える率が高い（16年2月には5割を超えた）。

ヒラリーなら食べたものまでニュースになる

ヒラリーについては、何をしても「計算してる」と書かれる。保守系ウェブ・マガジン「ワシントン・フリー・ビーコン」の編集主幹マシュー・コンティネッティは、ヒラリーの娘チェルシーが最近、出産したことについて「おばあちゃんになって、大統領選で家族をアピールする計算だ」と書いた。孫まで計算で作れるかね。

こんな状態だから食べ物すら批評される。15年4月13日、遊説でオハイオを訪れたヒラリーは、メキシコ料理のファストフードチェーン店、チポトレでランチを買った。ヒラリーは、サングラスをかけていて、店員は気づかなかったが、ヒラリーが店を出た後、記者が殺到して店員を質問攻めにした。「注文は何だった？」と。店の監視カメラにヒラリーが映っていた動画がニュースに流れ、各メディアが論評を展開した。チポトレはオーガニックでヘルシーなので、リベラルやインテリから人気があり、マクドナルドの業績が急落するのと対照的に、ぐんぐん売り上げを伸ばした。

「ヒラリーがオシャレなチポトレを選んだのは、90年代の政治家として時代遅れと思われないため」と評したのはCNN。「ウォール・ストリート・ジャーナル」は「チポトレはリベラルすぎる。大統領選で中間層の票を獲得したいなら、中道のメキシカン・ファストフードのタコベルにすべきだ」と論じた。そんなことどうでもいいよ！

「ヒラリーのことならどんなバカらしいことでもニュースになる」

『HRC（ヒラリーのイニシャル）国家機密とヒラリー・クリントンの再生』の著者ジョナサン・アレンは言う。

「クリントン家はアメリカの王家みたいなものだから」

ヒラリー本人はメディアに追いかけ回されるのが我慢ならないらしく、報道陣に冷たい。で、怒った彼らがヒラリーを悪く書くと、ヒラリーはまた記者を疎《うと》んじて、記者はまたヒラリーを悪く書く、という悪循環が続いている。

こんなにマスコミとの関係が悪くて大統領選に勝てるのか？　まあ、チポトレで買ったブリトーがチキンかビーフか、なんてことまで話題になる候補者は他にいないから、知名度は圧倒的だけどね。

問題は全然政策が話題にならないこと。ヒラリーの場合、彼女のキャラクターと、史上初の女性大統領の可能性ばかり先行してしまっているからだ。

ヒラリーが掲げているのは中流の再建。81年にレーガンが大統領になって新自由主義経済政策を始めてから、アメリカの貧富の格差は広がり続けて来た。ヒラリーは再び中流層を厚くするため、最低賃金を上げ、共働き家庭のために4歳児からの公立保育所の開設、大学学資の公的ローンなどを提案している。

公立保育所だけでも何十億ドルもかかるのに、どこにそんな財源があるんだ？　と共和党の大統領候補たちからは批判されているが、彼らの経済政策はもっとひどい。ランド・ポールは累進課税をやめて14・5％の一律課税にするというが、最初の10年間の減収額は2兆ドルとも15兆ドルとも言われている。他の候補もみんな富裕層への減税を掲げ、同時に軍事費の増大を主張している。収入減らして、支出を増やす？　ブッシュがそれをやったから今のアメリカ政府の莫大な借金があるってのに。

でも、ヒラリーが勝つかどうかは政策とあまり関係がない。過去の大統領選を見ると、投票時に現大統領の支持率が5割を超えていれば、同じ政党の候補が勝ち、逆なら敵対する政党の候補が勝つ場合がほとんどだ。つまり16年11月のオバマ次第ということ。ちなみにCNNが15年6月30日に発表した調査によると、支持率50％で不支持率47％。難しいところだが、大統領の支持率を最も左右するのは景気だ。15年現在、アメリカの株価は上がり、失業率は下がり続けている。

追記 チポトレはこの後、食中毒事件を起こし、一気に客が去ってしまった。

今度こそ本気⁉　暴言だらけの不動産王ドナルド・トランプ登場！

2015年8月

2015年夏、大統領選が本格的にスタートした。まず、8月6日にオハイオ州クリーブランドで、共和党の立候補者を集めて初のテレビ討論会が行われた。ステージにずらりと並んだ候補者は10人！　実際に立候補したのは17人もいる。民主党のほうはヒラリー・クリントン前国務長官でほぼ決まりなのに、共和党の候補がこんなに多いのは、本命がいない証拠。どんぐりの背比べで、みんな小粒なのだ。

だが、その10人のまん中に立つ男だけは目立っていた。ニューヨークの不動産王ドナルド・トランプ。彼は共和党員ではなかったにもかかわらず、その時点の支持率で他をはるかに引き離してトップを走っていた。

トランプは不動産やカジノ、ホテルの経営の他、テレビ番組『アプレンティス』の主役でもある。トランプのアプレンティス（弟子）入りを目指して、若きビジネスマンたちが商売の腕を競い合うコンテスト番組で、毎週、参加者の一人をトランプが排除する際のセリフ、「貴様はクビだ！」は流行語になった。

トランプが大統領候補としてどれほど人気かというと、全米の投票傾向を占うサンプルとされるニューハンプシャー州での7月下旬の調査で、トランプの支持率は24％と、2番手のジェブ・ブッシュ元フロリダ州知事をダブルスコアでリードしている。

トランプが出馬を表明したとき、マスコミは「またか」とうんざり気味に冷笑した。彼は前回の12年の選挙でも出馬を表明し、「オバマはケニア生まれだから大統領の資格がない」などと事実無根の暴言をまき散らした挙げ句、さっさと撤退した。

どうせ出馬の目的は自分のビジネスのための売名行為だから、今回も世間を騒がせて早々に引っ込むだろうと予想されていた。リベラル系のニュースサイト「ハフィントン・ポスト」は、トランプについてのニュースを「政治」ではなく「エンターテインメント」に分類したほどだ。

共和党の政治家を片っ端からバカ扱い

今回の出馬で、トランプは前回以上に暴言を吐きまくった。まず6月に「メキシコとの国境に万里の長城を築く」と公約。「メキシコからの強姦魔を防ぐんだ」と言った。メキシコ政府は激怒し、トランプがNBCと共催するミス・ユニバース大会のボイコットを発表した。

「暴言王」のタイトルが躍る「エスクァイア」誌。不動のキャラ設定だ

共和党の長老ジョン・マケインに対しては「ベトナム戦争の英雄扱いされているが、捕虜になっただけじゃないか」と中傷した。マケインはベトナムの捕虜収容所で6年間も虐待され、手足に一生残る障害を負い、その後、ベトナムとアメリカの国交正常化に尽力した偉人だ。トランプはマケインと同

世代なので、やはりベトナム戦争に徴兵されたはずだが「踵骨棘《しょうこつきょく》という足の病気のため兵役を免れた」と言っている。

マケイン以外にもトランプは他の共和党の政治家たちを片っ端から「バカ」「マヌケ」と愚弄《ぐろう》し続けている。ところが、共和党支持者からの人気は上がる一方。圧倒的な知名度とメディア露出度、テレビで鍛えたトークの面白さで他の小粒な候補者たちを引き離している。

何よりもアメリカ人は勝者を、成功者を愛する。実際にビジネスで成功しているトランプにアメリカの経営を任せるのがいちばんじゃないか、という声も多い。実際はトランプの富は彼がゼロから築いたわけではなく、不動産業者だった父親から譲られたものだし、90年代には4度も破産しているのだが。

共和党を内側から破壊する「トロイの木馬」か?

このトランプ人気に共和党本体は頭を抱えている。そもそもトランプは共和党員でも何でもない。それなのに、投票まで1年しかない今、世間の注目をトランプにさらわれてしまった。

「トランプはヒラリー陣営が共和党に送り込んだトロイの木馬に違いない」という「ウォール・ストリート・ジャーナル」紙のジョー・クィーナンの陰謀説も笑い話ではない。実際、90年代の大統領選でトランプはビル・クリントンを応援していたのだ。

トランプ出馬以来、FOXニュース・チャンネルは彼を激しく批判してきた。メディア王ルパート・マードックが所有するFOXニュースのCEOは、レーガンのメディア戦略担当だったロジャー・エイルズ。常に共和党を支援し、FOXはエイルズが標的と定めた政治家に対して局を挙げてネガティヴ・キャンペーンを展開することで悪名高い。今回のターゲットになったのはトランプだった。

FOXのさまざまな番組の出演者たちが「トランプにはまともな政策がないじゃないか」と言い続けた。

トランプの政策は大雑把だ。たとえばIS（イスラム国）対策については「第二次世界大戦のパットン将軍やマッカーサー元帥のような猛将を見つける」と訴えるものの、具体的に誰なのかは言わない。

「ISの油田に猛爆撃して奪回する」とも言うが、オバマも猛爆撃はしている。でも、地上戦において奪回するにはもっと兵力を送らなければならない。アメリカはもう10年以上、イラクとアフガニスタンで戦争してきて、これ以上の派兵を国民は望んでいない。雇用問題についてトランプは「中国と日本から仕事を取り返す」と言う。でも、いったいどの職を、どうやって？　具体策はない。医療保険については「オバマケアは撤廃する。もっといい別の何かにする」と極めて曖昧。今のところ、真面目に考えてないのは明らかだ。

トランプ対FOXニュース

そのFOXニュースが最初のテレビ討論会を主催する。質問者はFOXのキャスターたちだ。彼らは他の候補者たちを尻目に、トランプだけに攻撃的な質問の集中砲火を浴びせた。

まず、トランプの共和党への忠誠を確かめるような質問。「この候補者のなかで、自分以外の人が指名を受けた場合、彼を支持することを誓えない人はいますか？　第三党から立候補して共和党員の票を奪いそうな人はいますか？」

トランプは素直に手を挙げた。会場からはブーイング。

「トランプさん、わかってますか？　ここは共和党のディベートですよ。あなたが第三党から立候補したら、民主党のヒラリー・クリントンが大統領になりますよ」と確認されると「わかってる。私を共和党候補として指名してくれたら第三党からは出ないよ」。いきなり脅しか！

なかでも最も攻撃が厳しかったのはＦＯＸの看板女性キャスター、メギン・ケリーだった。

「トランプさん、あなた、いつから共和党員になったんですか？」とストレートな質問。「90年代まであなたは人工中絶に賛成で、銃規制に賛成で、リベラルだったじゃないですか」

これに対してトランプは「私は進化したのさ」とあっさり。「ロナルド・レーガンのようにね」

レーガンは今では共和党にとって神のような存在だが、ハリウッド俳優組合の委員長だった頃は民主党支持だった。

メギン・ケリーは執拗にトランプに食いつく。トランプがかつて「デブとブスとノロマな女は大嫌いだ」と女性差別的な発言をしたことを突いた。トランプは「それはロジー・オドネルのことさ」と笑った。オドネルはレズビアンの権利を訴える運動家でもある女性コメディアンだ。共和党員からは嫌われている。

ケリーは冷たい表情のまま、こう食いついた。

「あなたは『アプレンティス』の女性参加者について『彼女をひざまずかせてみたいねえ』と言ったことがありますね。そんな人が大統領になるんですか?」

差別的な言動は政治家にとって命とりだ。あわてて謝罪するのが普通。ところがトランプは謝罪するどころか、開き直ってみせた。

「みんなPC(ポリティカル・コレクトネス。政治的正しさ)を気にしすぎだな」と肩をすくめてから、こう言い返した。「アメリカはそんなことにかまっている場合じゃないだろう。そんなことを気にしていたら、中国に負けてしまう。メキシコにも負けてしまうぞ」

聴衆はやんやの大喝采。こんな候補者、初めてだ。

候補者の一人、ランド・ポールもトランプに噛みついた。

「トランプは今まで多額の寄付で政治家たちを買収してきたんですよ」

するとトランプ、にやりと笑ってこう一言。

「ああ。ポールくん、君にもいっぱい献金したよね」

実際、眼科医であるランド・ポールが主宰する貧しい子供に無料で眼の手術を提供する基金に、トランプは大口の寄付をしていた。

「ヒラリーは私の（2回目の）結婚式にも来てくれたぞ。彼女には選択の余地がなかった。私がたくさん献金していたからな！」

札束で人の頬を叩くのをまったく恥じていない豪快さ。でも、「4回も破産して負債を踏み倒してますよね」と突っ込まれると、「破産法という法律があるんだから4回利用させてもらっただけだ。何も違法ではない。債権者もただの被害者じゃない。あいつらはプロだよ」。

差別もセクハラも失言にならない

トランプは何の弁解もせず、器のデカさを見せつけた。トランプのおかげでＦＯＸニュースによるディベート中継は記録的な高視聴率をマークした。

ディベートの翌日、「タイム」誌が調査すると、トランプの支持率は倍の47％に跳ね上がっていた。「メギン・ケリーはくやしくて血の涙を流しているだろうな」トランプはディベートの際に自分を徹底的に攻撃したメギン・ケリーをからかった。さらに「他の場所からも血が出てたかもね」と余計なセクハラ発言までつけて問題になった。トランプは「他の場所って鼻だよ」と弁解したが。

他の政治家だったら、こんなセクハラしたらもう終わりだ。でも、トランプは最初から「意地悪で傲慢な資本家」というキャラ設定なので、まったく平気。プロレスラーの悪役が反則すればするほど人気が出るように、暴言するほど支持率が上昇する。汚職や女性関係のスキャンダルが出たとしても、「トランプらしい」と言われることはあっても、「がっかりした」とか「偽善者」とは言われない。それって最強じゃないか？

74歳、無所属の「社会主義者」バーニー・サンダース

2015年9月

共和党の大統領候補予備選は、党外から出てきたドナルド・トランプが圧倒的な支持率で騒がれているが、民主党のほうもアウトサイダーにひっかきまわされている。15年9月初め、アイオワとニューハンプシャー州の世論調査で本命ヒラリー・クリントンの支持率が首位から落ちた。トップを奪ったのはバーモント州選出のバーニー・サンダース上院議員（74）。民主党員ではなく、無所属の「社会主義者」だ。

サンダースは、いつもクシャクシャの髪、大きなビン底メガネ、よれよれの背広に曲がったネクタイがトレードマークで、共和党はもとより民主党の政治ですら「大富豪による大富豪のための大富豪の政治だ」と言い切り、二大政党システムのアウトサイダーとして遊撃を続けて来た。

アイオワ州民の心をつかんだのは8月16日、アイオワのデュビューク市で行われた記者会見のテレビ放送かもしれない。2000人の聴衆を前に演説したサンダースに「ウォール・ストリート・ジャーナル」紙の記者がヒラリーに対する不満を求めた。同紙は07年にルパート・マードック率いるニューズ・コーポレーションに買収されてから、すっかり共和党御用メディアと化してしまった。

記者はサンダースからヒラリー批判を引きだして共食いさせようという魂胆に見えたが、サンダースはその手には乗らないぞとばかりに記者を指差してこう言った。

「これから中流の崩壊について話すが、あんたはそれを記事にできるのかな?」

「ウォール・ストリート・ジャーナル」紙は一貫してウォール街側、つまり金融業者と資本家側に立っている。だが、サンダースは徹底的な反ウォール街だ。

たとえば、08年の金融危機でブッシュ政権が「大銀行は大きすぎるので破綻させられない」と、公的資金を投じてウォール街を救った時、サンダースはこう言った。

「破綻させられない大銀行なんて、存在すること自体がおかしい!」

ふだんは自由放任経済と規制緩和ばかり求めるウォール街が、それで暴走して破綻したら自己責任でなく税金で救ってもらうなんてご都合主義にもほどがある。

10年12月、サンダースは「ブッシュ減税」の延長に反対してフィリバスター（議事妨害）演説を行った。「ブッシュ減税」とは、ジョージ・W・ブッシュ大統領が年収25万ドル以上の富裕層の所得税と相続税を大幅に引き下げたことで、新たな財源案がなかったので財政赤字は史上最大に膨れ上がった。10年、オバマ大統領は議会を多数支配する共和党に負けてブッシュ減税を延長した。怒ったサンダースは8時間半に及ぶ抗議演説を展開した。

「92年から07年までの15年間にトップ400の富豪に対する税率は半分に減りました。彼らの年収はブッシュ政権期だけで2倍以上になりました」

「07年には、アメリカで最も富める上位1％が国民全体の総収入の23・5％を独占する事態になりました」

「08年の金融危機で破綻したウォー

「ローリング・ストーン」誌にインタビューが載るあたりも他の候補と一線を画すサンダース

ル街の重役どもは国民の血税から公的資金を受けて、自分たちに給料として支払ったのです」

サンダースの怒りの言葉はツイッターで拡散された。それは11年9月から始まった若者たちのウォール街での座り込み運動、「ウォール街を占拠せよ」運動のバックボーンになったと言われている。

「カネ」についての具体的な改革案がいっぱい

今回の大統領選出馬でサンダースは次のような改革案を打ち出している。まず「富裕層への税率をアイゼンハワー政権の頃に戻す」。1933年から70年代までは、福祉重視のニューディール体制だったので、富裕層の所得税率は5割以上だった。しかし、81年のレーガン政権が新自由主義経済を打ち出し、富裕層への課税率を3割に下げた。以後20年以上、共和党政権によって段階的な減税が続いた。現在、キャピタル・ゲイン（株式投資による利益）に免税があるので、トップ富裕層の所得税率は3割を切っている。連邦政府は莫大な財政赤字を抱えているというのに。

次にサンダースは「不当な賃金格差のある企業に税金を課す」と言う。アメリカの金融や証券、不動産会社では、年収1億円を超えるエグゼクティヴは珍しくない。企業がそれだけの収益を得たのなら、まず社員全体に配分されるべきだとサンダースは主張する。

さらにサンダースは「最低賃金を現在の2倍に上げる」と約束する。現在、アメリカの平均最低賃金は時給7・25ドル。日本とは変わらないが、カナダやヨーロッパ諸国に比べると非常に低い。労働者の給与が上がると企業側の利益が減るため、経営者たちに支持された共和党議員がベースアップ法案に反対し続けたからだ。

いきなり2倍というと大変な改革のように聞こえるが、サンフランシスコなどの大都市ではすでに最低賃金15ドルは実現している。住民に金持ちが増えたために不動産価格が異常に高騰し、飲食業や小売店、清掃など、街で働く人々が住めなくなっているからだ。

サンダースは「公立大学の学費無料化」も打ち出している。アメリカでは連邦政府だけでなく、各州の財政赤字も慢性化しており、州の金に頼れなくなった州立大学は学費を値上げし続けている。そのため中産階級でも子供2人を大学に行かせることができず、高い教育を受けて高い年収を得ることができるのは金持ちの子息だけ、という悪循環が始まっている。この状況を是正するため、富裕層に増税した分を公立大学に回そうと言っている。

こうした政策で、サンダースは、若くて高学歴だが収入の低い層から熱烈に支持されている。彼らミレニアル（1980年代半ば以降の生まれの世代）は、奨学金やローンを借りて学費を払って大学に通い、人生の出発点で数百万円の借金を抱えている。サンダースの改革は彼らの希望なのだ。

他には、「政府による国民医療保険の実現」「病気や子育てによる欠勤の有給化」……。サンダースの政策はどれも具体的で身近な「カネ」の話だ。共和党の大統領候補たちは、人工中絶や同性婚の禁止や移民の取り締まりなど、宗教やモラルやイデオロギーの論争ばかりなのに。

「思想的な問題では意見が割れるが、経済のことになれば国民の大多数が似たような意見のはず」とサンダースは言う。

60年代左翼の生き残り

「今のアメリカの政治は、大富豪の大富豪による大富豪のための政治だ」

サンダースは言う。ヒラリーをはじめ、民主党議員たちもみんな大富豪だが、サンダースは一度も富豪だったことはない。それどころか80年頃、サンダースは日々の食事にも困る、人生のどん底にあった。

サンダースは41年、ニューヨーク郊外ブルックリンのユダヤ人街に生まれた。両親はユダヤ系移民で、ポーランドに残った父の一族はホロコーストの犠牲になった。名門シカゴ大学に通っていた頃、キング牧師による、シカゴの住宅の人種差別に抗議するデモに参加し、社会改革に目覚めた。

64年に大学を卒業したサンダースは、イスラエルに行ってしばらくキブツに滞在した後、最初の妻と共にバーモント州のバーリントンという町に住みついた。当時、バーモントにはヒッピーが3万人も移り住み、人口が3割も増えた。不動産が安かったからだ。サンダース夫婦もバーリントンという町に85エイカーの土地をたった2500ドルで買った。敷地内には電気もガスも水道も通ってないメイプル・シロップ採取用の小屋が一軒あるだけだったが、サンダースたちはそこに住んだ。収入は、左翼系同人誌にコラムを書くほかには近所の大工仕事ぐらいでほとんど無職だった。

でも、サンダースはヒッピーではなかったという。彼はロックも聴かなかったし、マリファナも吸わなかった。庭で野菜を育てもしなかった。彼が夢中になったのは政治だった。

彼は地元のベトナム反戦グループLUP（自由団結党）に入り、そこから州知事や州上院議員に何度か立候補したが落選し続けた。離婚し、息子とも別れ、土地を手放し、一人で借家に住んだが、電気代も払えず、延長コードで大家のコンセントを借りていた。当然、冷蔵庫はいつも空っぽだった。

選挙の公約は「ヒッチハイクの合法化」みたいなヒッピー丸出しでバカげたものばかりだった。ベトナム戦争が終わってLUPの存在目的が消滅しても、サンダースは無所属で選挙に挑戦し続けた。

「僕らは狂ってるわけじゃないよな」

当時、LUPの運動家だったリチャード・シュガーマンは、マスコミの取材に応えて当時のサンダースの口癖を回想する。

「朝、バーニーは『おはよう』の代わりに言っていた。『僕らは狂ってるわけじゃないよな』って」

81年、40歳を迎えたサンダースはついにバーリントン市長に当選した。当選した後に最初にしたのはネクタイを買うことだった。それまで一本も持っていなかったのだ。

アメリカが社会主義を受け入れるとき

サンダースが目指しているのは北欧型の社会民主主義だ。累進課税のために極端な金持ちは存在しないが、極端な貧乏人もいない。だから犯罪は少ないし、やる気のある者は誰でも無料で大学に行ける。インドもどんなに貧しくても成績次第で行ける公立工科大学を何十校も設立したことでIT大国として大成功した。

民主党のアウトサイダーであるサンダースは、富裕層を徹底的に攻撃して若者たちの喝采を浴びている。それは、共和党のアウトサイダーのドナルド・トランプが移民やマイノリティを攻撃して保守的な白人たちの喝采を浴びているのと対照的だ。ただ、労働者の仕事を奪っているのは移民ではなく、人件費の安い外国に仕事を出してしまう大企業であって、トランプのような大富豪こそ労働者の本当の敵なのだが、憎しみはより貧しく弱い者へと向かうのが世の常だ。サンダースも支持層の多くは大卒の白人のような中流で、黒人やヒスパニックからはまだ支持されていない。

黒人やヒスパニックは保守的で、社会主義へのアレルギーが強い。サンダースが尊敬するキング牧師も、貧困の撲滅を掲げて富の再分配を打ち出してからは「アカ」と呼ばれて貧しい黒人たちからの支持を大きく減らしたのだ。

ただ、サンダースもトランプも、二大政党制とエスタブリッシュメント（既得権者）が支配する、硬直した政治にうんざりした人々から支持されている点で共通している。

「もう沢山だ」

サンダースは言う。

「経済的な既得権者、政治的な既得権者、メディアの既得権者どもがアメリカをダメにした」

サンダースもトランプも左右に極端すぎて、16年の本選までは残らない「巨大すぎる泡沫候補ではないか」と言われている。だからといって、民主党ではヒラリー・クリントン、共和党はジェブ・ブッシュなのか？　クリントン対ブッシュなんて、いつの時代だよ。アンケートによると民主党員の53%が「ヒラリー以外なら誰でもいい」と答えている。まったく、同じ一族だけで国政をもてあそぶなよ。え？　日本はずっとそうだって？

トランプに敗れた候補たち⑦

「神の手」を持つアフリカ系天才外科医 ベン・カーソンはトランプ以上に変

２０１５年10月

２０１６年の大統領候補を決める共和党の予備選レースではトランプがトップを独走しているが、現在2番手につけているベン・カーソン候補もトランプと同じくアウトサイダーだ。1年前に共和党に入ったばかりで政治経験ゼロ。だが、本職の医者としては有名人。というか、アメリカン・ヒーローだった。

映画化までされた黒人の星

87年、小児神経外科医だったカーソンは世界で初めて、頭部が結合した双生児の分離手術に挑戦した。血管を共有していた脳を切り離すのは危険で困難だったが、カーソンの神業がそれを成し遂げた。カーソンは時の人となり、自伝『賜《たまわ》りし手』も60万部を売るベストセラーになった。

カーソンの母ソーニャは南部の極貧黒人家庭に生まれ、きょうだいが24人もいた。小学校3年までの教育しか受けておらず、里子に出されて育った。

13歳で結婚して2人の息子を持ったが、夫が重婚をしていたと知ったソーニャは、カーソンが8歳の時に離婚。姉の家に住み込み、うつ病に苦しみながら豪邸の清掃など低賃金労働を朝から晩までかけもちして、女手ひとつでカーソンとその兄を育てた。

少年時代のカーソンは貧しい境遇に苛立ち、勉強をせず、生来の短気でケンカばかりしていた。そんな息子に母はテレビを禁じ、一週間に必ず本を2冊読んで感想文を書くノルマを与えた。カーソンは母の期待に応えようと努力し、成績はぐんぐん上がった。だいぶ後でカーソンは、母が実は文章が読めず、感想文も読めていなかった事実を知って驚いた。

カーソンは奨学金を受けて名門イェール大学に進み、若くして全米で最も優れた外科医として知られた。彼の物語は09年にキューバ・グッディングJr.主演でテレビ映画にもなった。カーソンの自伝を読んで彼に憧れ、苦学して医者や科学者になったアフリカ系の青年は多いという。

そんなカーソンが大統領選に出馬することになったのは、13年2月のナショナル・プレイヤー・ブレクファスト（国家祈《き》禱《とう》朝食会）がきっかけだった。アイゼンハワー大統領の頃から続くキリスト教系のイベントで、大統領や連邦議会議員をはじめ、世界各国から招かれた3000人のVIPがテーブルを囲む。過去にはマザー・テレサやU2のボノが演説を行ったが、あくまで社交の場であって政策論議は行われない。しかし13年に壇上に立ったカーソンは激しくオバマ政権批判を始めた。

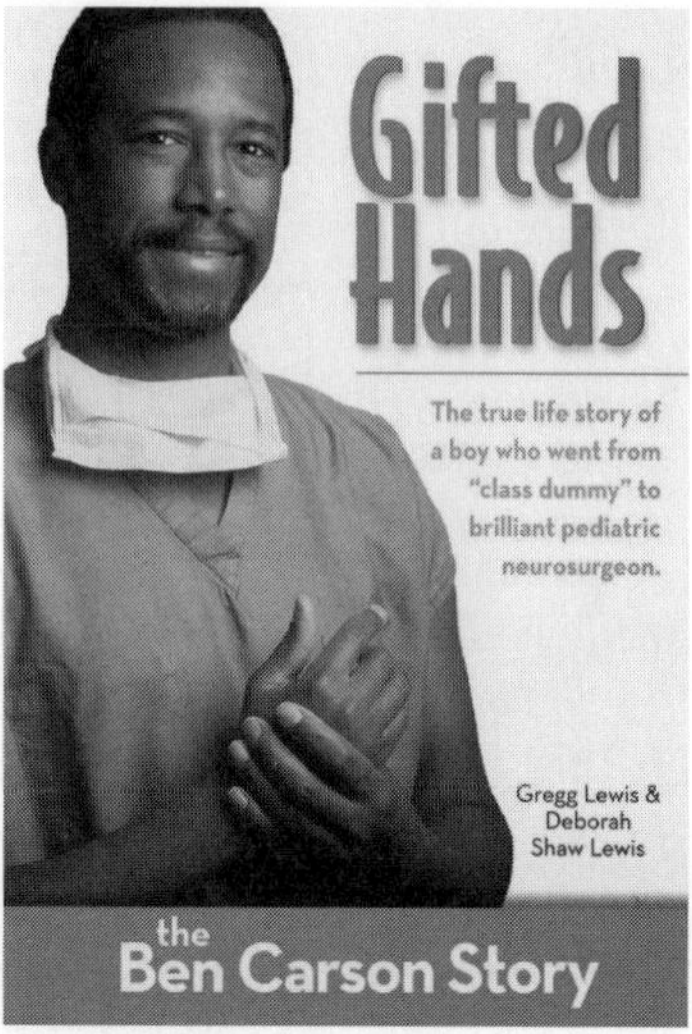

テレビ映画にもなったカーソンの自叙伝『賜りし手』

「現在の税制は複雑すぎます」

累進課税のことである。アメリカの連邦所得税率は最高39・6％（日本は45％）。

「一律10％の税率にすべきです。1

00億ドル稼いだら税金は10億ドルだけ納めればいいのです」

それで3分の1以上減ってしまう税収をどう埋めるかは説明しなかったが、カーソンは続けてオバマの医療保険改革を否定し、代案を出した。

「国民すべてに医療用口座の開設を義務付けます」

その口座に入れた額は免税される。その貯蓄を医療のために自主運営させるという。

カーソンのわずか3m横に座っていたオバマは苦虫を噛み潰したような顔をしていたが、一律課税を求め、オバマケアに反対する保守陣営はカーソンに喝采を送った。共和党の御用メディアである「ウォール・ストリート・ジャーナル」紙は「カーソンを大統領に！」というコラムを掲載した。

トランプ以上の暴言失言

カーソンの大統領選出馬を実現したのはジョン・フィリップ・スーザ4世。『星条旗よ永遠なれ』など愛国的なマーチの数々を作曲したあのスーザの子孫だ。彼は反オバマの保守派市民運動ティーパーティの選挙参謀で、共和党の外部に新鮮な候補を探していた。

カーソンなら知名度も申し分ない。しかも共和党が失ってしまった黒人票も集められる(ピュー・リサーチ・センターの14年の調査によれば、アフリカ系の共和党支持率はわずか11%)。

スーザはカーソンを口説き落とし、FOXテレビに出演して7000人のボランティアと20万人の署名、300万ドルの献金を集めた。

さらに選挙のプロたちが政治の素人であるカーソンを徹底的に教育した。問題は、カッとなると余計なことを口走る癖だった。既に彼は「オバマケアは奴隷制度より悪い」「9・11テロより悪い」などと無茶苦茶なことを言って顰蹙《ひんしゅく》を買っていた。

「失言にだけは気をつけて」

スタッフは念を押したが、子供の頃からの性質はなかなか直らなかったようで、ドナルド・トランプ以上の問題発言を繰り返した。

14年6月、マーチ・フォー・マリッジ(同性婚に反対する保守派の集会)で、カーソンは「同性婚はマルクス主義者の陰謀だ」と言い出した。さらに「同性婚を合憲と判断した最高裁判事を罷免する権利が議会にはある」とまで言ったが、もちろん、そんな権利は議会にない。医者としては天才でも政治にはまるで素人だ。

15年3月にはCNNで「ゲイは本人の意思による選択だ」と発言した。「だって、ストレートな人が刑務所に入ってゲイになったりするだろう」と説明した。これにはゲイの人々が「俺たちが趣味でゲイやってると言いたいのか!」と激怒した。

10月1日、オレゴンで9人が殺される乱射事件があった時は、「私なら何もせずに撃たれないね。銃撃者に立ち向かうよ」と上から目線で被害者を責めた(10月6日、FOXニュース)。さらに、銃を所持する権利を擁護し、「ユダヤ人も銃を持っていさえすればナチに抵抗できたはずなのに」と言った。実際はポーランドで銃を持ってナチに蜂起したユダヤ人たちは皆殺しになった。

また、14年から続いている警官による黒人殺害事件に抗議するBlack Lives Matter(黒人の命も大事だ)に対しては「いちばん黒人を殺しているのは人工中絶だ」と皮肉った(8月13日、FOXニュース)。

苦労して出世した黒人は福祉が嫌い

カーソンの極端な発言は宗教的信念によるものだった。彼の父はセブンスデー・アドベンティスト（安息日再臨派）という聖書原理主義的キリスト教の牧師だった。10％の一律課税も旧約聖書に出てくる概念だ。カーソンはさらに進化論もビッグバンも地球温暖化も信じないと言っている。科学者として矛盾は感じないのだろうか。

医療費を自己責任にし、福祉を批判するのは、カーソンの母親が生活保護に頼らなかったからだという。カーソンは、12年に共和党の予備選に出馬したハーマン・ケインとよく似ている。ケインも貧しい黒人家庭に生まれ、苦学してピザ宅配の会社で成功した。彼は雇用者の負担になるオバマケアに反対し、富豪が損をする累進課税に反対し、福祉に頼る黒人たちを批判した。最高裁判事のクラレンス・トーマスもそうだが、共和党を支持する黒人には、苦労して成功した人物が多い。彼らは自己責任論をふりかざす。カーソンは、福祉は「アメリカン・ウェイではない」と言う。アメリカの国是は「自由と平等」だが、彼らにとっては自由競争だけがアメリカなのだ。

そんな発言のせいでカーソンは黒人の人気を失い、アフリカ系の支持率はわずか29％（15年4月下旬、ユーガヴ調べ）しかない。だが、アメリカ全体での支持率はトランプの27％に次ぐ21％をキープしている（10月12日、CBSによる調査）。二人は暴言を吐けば吐くほど保守的な白人の支持者を増やすばかりだ。このままだとトランプ大統領とカーソン副大統領という暴言コンビでヒラリー・クリントンに対抗する可能性も高い。カーソン陣営は、もし副大統領候補に指名されたら受けると答えている。

ところがカーソンは「来年の大統領選はないかもしれない」と言っている（7月4日、FOXニュース）。「IS（イスラム国）がアメリカ本土を攻撃するから」というのだ。いや、そればかりか「世界の終わりは近い」とまで言い出した（10月13日、CBSニュース）。

「黙示録を信じている者が核兵器を握ったら、使用するのに躊躇《ちゅうちょ》しないはずだ」

いや、だから、そりゃ、あんただろっての！

追記 その後、カーソンの自伝に書かれたドラマチックなエピソードの多くが捏造《ねつぞう》だと発覚した。それほど不良少年ではなかったし、陸軍士官学校から奨学金をオファーされた事実もなかった。立身出世物語を強調するために盛ったのかもしれないが、あまりにも「口がすべる」ために急激に支持を失い、16年3月に予備選から脱落。トランプ支持を表明した。

共和党の選挙参謀が暴いた、共和党が永遠に大統領選に勝てない理由

2015年11月

「1100万人の不法移民どもをメキシコに強制送還しろ」

2015年11月10日、ウィスコンシン州ミルウォーキーで行われた共和党の大統領候補ディベートで、ドナルド・トランプがいつものように吠えた。

「いい人ぶったり、友好的にならなくていい。選択の余地はない！」

トランプはメキシコ移民叩きをするたびに共和党内で支持率を伸ばしてきた。共和党の支持者の約9割は白人だ。また、ピュー・リサーチ・センターが14年4月に発表した調査によると、民主党に比べて共和党支持者は大卒率が低く、平均年収が低めで、都会よりも郊外や田舎に住む人が多く、男性が多く、年齢が高い。つまりトランプは、白人でブルーカラーの高齢者の排他性にアピールして共和党内での人気を集めているのだ。

白人に特化した戦略で、トランプは、大統領候補の指名を勝ち取るかもしれない。だが、それは同時に、本選で民主党に敗北することを意味する。いや、トランプ以外の誰であっても、実は共和党は大統領選に勝てる見込みがほとんどない。

まず、オバマ大統領は6年間連続で失業率を減らし続けている。雇用が増えている政権の政党が大統領選で負けた例は過去にない。しかし、たとえ、16年11月の投票日までに景気が悪化するような事態があったとしても、おそらく共和党は大統領選に勝てない。

16年だけでなく、共和党はその後もずっと勝てない。その予想は計算によって導き出されている。計算したのは他ならぬ共和党の選挙のプロだ。

オバマは白人票4割だけで選挙に勝てた

15年2月に発行された本『2016年を超えて　いかにして共和党は新しいアメリカで大統領選に勝てるか』は、白人が減少し続けるアメリカで、もう共和党は大統領選に勝てないという事実を突きつけた。著者は、共和党の政治コンサルタント団体ノース・スター・オピニオン・リサーチの主宰者ウィット・エアーズ。

「共和党は過去6回の大統領選挙では04年（ブッシュ対ジョン・ケリー）の1回しか総得票数において勝ってない」

00年はブッシュが大統領に選ばれたが、全米の得票数の合計ではゴアのほうが上回っていた。

そして今後は1回も勝つ可能性はないとエアーズは断言する。

前回12年の大統領選挙で、オバマは非白人の票の82％を獲得したが、白人の票は40％しか集めることができなかった。にもかかわらず、白人の票の59％を獲得した共和党のミット・ロムニー候補に対して、総得票率51・1％で勝利した。白人の人口が前ほど多くないからだ。

国勢調査によれば、アメリカの人口の約62％が白人だが、現在の減少率が続くと、2060年には44％に

共和党の大統領選苦戦を分析したウィット・エアーズ著『2016年を超えて』

減る。逆にカトリックで子沢山の家庭が多いヒスパニック系は16％から30％に倍増する。

「1976年には全有権者に対する白人の比率は88％だったが、92年には83％、12年には72％へと減少した」というエアーズは、このペースで減り続けると今回16年の有権者中の白人率は69％になると推定する。

「ならば、非白人の75％の票を取るだけで大統領選に勝てる計算になる」

さらにヒラリー・クリントンが民主党の候補になったとすると、オバマよりも多くの白人と高齢者の票を集めるだろう。

「仮にヒラリーがオバマよりもたった2％だけ多く白人の票を獲得した場合、非白人の票を68％取るだけで選挙に勝てる。これは楽な数字だ。なぜなら民主党の候補で最近最も非白人の票が取れなかったジョン・ケリーですら73％を取っているのだから」

つまり、民主党にとっては負けるほうが難しい。

「逆に共和党の候補がロムニーと同じく白人の票の59％を押さえたとしよう。この場合、勝つためには非白人の30％以上の票が必要だ。しかし、今まで最も多く非白人の票を集めたブッシュですら26％しか取れなかった」

だから、今後、共和党が大統領選に勝つことは計算上不可能なのだ。

共和党の支持者は死んでいく

人種だけではない。共和党は別名をGOP、グランド・オールド・パーティ（立派で古い政党）というが、実際、支持者もお年寄りが多い。ピュー・リサーチ・センターの12年の調査によると、69歳以上の有権者の47％が共和党を支持している（民主党支持は43％）。

ベビーブーマー（団塊の世代）は人口が多い。それに、どの国でも同じく、高齢者ほど投票率が高いので、共和党はその層にアピールしてきた。彼らの既得権を守るため、貧しい者の医療保険料を豊かな者が負担するオバマケアを潰すと公約し、引退して株で暮らすご老人のためにキャピタルゲイン（株売買の利益）への所得税率を下げ、相続税を下げる。古き良きキリスト教的な価値観を守り、銃を所有する権利を守り、移民、人工中絶、同性婚、イスラム教徒、社会主義を攻撃する。共和党が続けてきた政策は、お年寄りの白人向けの政策だった。

「共和党は都市の外に住む高齢の白人の票に頼りすぎた」

投票者の死亡率を調査したシンクタンク、ブルッキングス・インスティテューションのウィリアム・フレイは言う。

「彼らが確実に死んでいくという事実は重大です」

現在既に団塊の世代よりもミレニアルのほうが人口は多くなっている。ミレニアルの51％が民主党を支持しているのに対して、共和党支持は35％にすぎない。また、前回12年の選挙の時、15歳から17歳だった1300万人が今回16年には投票可能な年齢になる。彼らの45％しか実際に投票はしないと目されているが、その65％が民主党を支持している。民主党は逆に若年層を取り込む政策を重視している。たとえば、学費の高騰によって、今年の4年制大学の卒業生は平均3万5000ドルもの学費ローンの借金を抱えている。オバマをはじめ、民主党は国税で運営する低金利の学費ローンを実施しようとしているが、共和党は激しく反対している。それでは若者から支持されるわけがない。

人口構造の変化は既にアメリカ全体のポリシーの変化として表面化していると、先述のエアーズは著作で論じている。04年の大統領選でブッシュがヒスパニックの票を集めたのは、彼が同性婚を憲法で禁止する意向を掲げ、厳格なカトリックが多いヒスパニックにアピールしたからだと言われている。だが、同性婚に対するアメリカ人の考え方はこの10年ほどで大きく変わっていった。ギャラップの調査によれば06年に同性愛を倫理的に受容するアメリカ人は44％にすぎなかったのが、15年には58％と、半数を超えたのだ。そういう空気を読んでオバマは同性婚を支持したが、共和党は今も反対し続けている。党内の「お得意様」しか見ていないからだ。

ヒスパニック票なしで共和党は続かない

エアーズは、共和党が大統領選で勝つには非白人や若年層を取り込める候補者が必要だと言う。そして、キューバ移民の二世で44歳のマルコ・ルビオ上院議員を「共和党のオバマ」として推薦し、彼のアドバイザーも務めている。

ルビオは13年に不法移民がアメリカ市民権を獲得するための法案を民主党議員の協力を得て作成し、ヒスパニックの大きな支持を得た。ところが先日の候補者ディベートでは、同じキューバ移民二世のテッド・クルーズ上院議員から「ルビオの法案は許し難い不法移民への〝恩赦〟だ」と批判された。

そのディベートではトランプがいつもの移民攻撃を撒き散らしたが、聞いていたジェブ・ブッシュの堪忍袋の緒がとうとう切れた。なぜならジェブはメキシコ人の妻を持ち、カトリックに改宗し、スペイン語を話し、やはり不法移民の市民権獲得に前向きだからだ。

「トランプの移民攻撃はヒスパニックの票を民主党に向けるだけだ。今頃、民主党の連中はハイファイブ（やったね！　という仕草）しているぞ」

だが、そもそもトランプは共和党員でも何でもない。党の将来などどうでもいいから、ヒスパニックなど気にしない。

ただ、下院議会についてはしばらく共和党の多数支配が続くだろう。それはゲリマンダリングが原因だ。80年代に南部各州の議会を支配した共和党は次々に下院の選挙区の区割りを変更した。若年層や非白人が多く住む都市部を、白人の多い郊外や田舎の選挙区から分離することで民主党の票を一部に固め、共和党議員が常勝するシステムを作り上げたのだ。これなら白人減少の影響を受けにくい。

かくしてアメリカでは大統領はいつも民主党、議会はいつも共和党というねじれが続くだろう。オバマもすべての政策に挙党一致で反対し続ける議会に相当苦しんだ。だが最近は彼らの御しかたに慣れて、イランの核開発縮小、キューバとの国交回復、ＴＰＰなど、共和党が反対する政策を次々と実施している。

15年11月にギャラップが発表した調査によると、共和党が支配する下院議会を評価する共和党支持者はたった8％しかいなかった。下院の共和党はオバマに反対し続けるだけで、何の建設的成果も上げないからだ。唯一ニュースになったのは、予算成立を妨害して国を債務不履行寸前に追い込み、政府機能を一時停止させた時だけだ。

ちなみに、そんなヘタレの共和党下院を、民主党支持者はなぜか11％も評価している。「役立たずの役をがんばってるね」ってこと？

アメリカを操ってきたもの⑦

ティーパーティ《アストロターフ》をトランプが横取りした

2015年12月

予備選の投票が2ヵ月以内に迫り、共和党はドナルド・トランプに戦々恐々としている。

トランプは共和党にとってまったくのアウトサイダーだから、大統領になったとしても、それは共和党政権ではない。共和党の意向とは無関係に勝手な政治をするだろう。だから、予備選が始まってからずっと共和党と共和党御用メディア、特にFOXニュース・チャンネルは彼の失言や暴言をリベラル以上に激しく攻撃してきた。でも、トランプは屁とも思わない。

2015年12月2日朝、トランプはFOXニュースの番組に出演し、自らのIS（イスラム国）対抗策を述べた。

「脳みそをぶっ潰してやるだけさ。今までやられたことがないほどな」

一般市民にも被害が出るのでは？　とキャスターが心配すると、トランプは得意気に「アメリカがテロリストになかなか勝てない理由はそこだ」と言った。

「奴らは一般市民を盾にしてやがる。我々はテロリストだけじゃなく、ポリティカル・コレクトネス（政治的正しさ）とも戦争してるんだよ。勝つためには奴らの家族も排除しなきゃならない」

「排除」って？　ナチスがユダヤ人絶滅計画を「最終的解決」と呼んだことを思い出してゾッとした。

「すべてのイスラム教徒の入国を禁止しろ！」

その日の午前11時頃、トランプ以外の人々にとっての悲劇がまた起こった。ロサンゼルス郊外にある中産階級の住宅地サンバーナディーノで、郡の保健局職員サイード・リズワン・ファルークが妻とともに銃を乱射し、14人を殺して警官に射殺されたのだ。

ファルークはシカゴ生まれの28歳。両親はパキスタン移民。年収7万ドル以上の高給取りで、半年前に娘が生まれたばかりだった。ＩＳは「夫妻は我々を支援していたが、我々は今回のテロを命じていない」と、珍しく直接の関与を否定したので、二人の銃撃の動機は謎に包まれている。夫妻はアメリカ国民であり、大量の銃器も合法的に買い集めたものだった。だが、事実関係などトランプにはどうでもいいことだ。

「イスラム教徒の入国を禁止すべきだ」

7日、トランプは声明を発表した。11月13日に発生したパリ同時多発テロ以来、彼は「シリア難民の受け入れをやめろ」と主張してきた（犯人はシリア難民ではなかった）。今度は留学生や観光客を含むすべてのイスラム教徒の入国を一時的に禁止せよというのだ。

「トランプ氏の声明は共和党を代表するものではない」と、連邦議会下院のポール・ライアン議長は強く否定した。

「アメリカを代表するものでもない」

アメリカは、宗教の自由を求めて入植した人々によって建国された。だから憲法の権利章典第1条に「信教の自由」が掲げられている。宗教による入国制限は憲法違反であり、建国の理念にも反する。

ライバルのジェブ・ブッシュも「トランプはどうかしている」と批難した。プロの政治家としては、明らかに違憲の意見には反対するしかない。

でも、トランプはプロじゃないから言いたい放題だ。翌8日、彼は批判に対して「尊敬するフランクリン・ローズヴェルト大統領もやったことだ」と反論した。たしかに真珠湾攻撃で日米が開戦した後、ローズヴェルトはすべての日系アメリカ人と日系移民の強制収容を布告した。だからといってやっていいわけじゃない。88年に当時のレーガン大統領は強制収容が違憲であり間違いだったとして謝罪し、賠償を行っている。

そのまた翌9日、CNNで共和党支持のコメンテイター、S・E・カップが「トランプの言うイスラム教徒入国禁止案は憲法違反だ」と批判した。するとトランプの広報担当カトリーナ・ピアソンはなんと「So, what?（だから何？）」と開き直った。

「しょせん奴らはイスラムよ！」

奴らの人権なぞ知ったこっちゃないわ、ということだ。

ティーパーティから鞍替えしたトランプ・チーム

カトリーナ・ピアソンは30代前半の褐色の肌の女性で、この前までテッド・クルーズ上院議員のスタッフとして何度もテレビに出ていた。クルーズは今、トランプと大統領候補の座を争っているのに……。

調べてみると、このピアソンは面白い。彼女はアフリカ系で、未婚の母親が15歳の時に生まれた。貧しく育ち、自分自身も10代でシングルマザーになった。21歳の時、デパートで服を万引きして逮捕された。そこで彼女は奮起し、テキサス大学を卒業。病院の保険事務に就職した。

08年の大統領選では、多くのアフリカ系と同じく、バラク・オバマ候補に投票した。しかしオバマ就任後、反オバマの保守系運動ティーパーティに参加するようになった。その理由は、オバマが背広の襟に星条旗のピンをつけるのを拒んだからだと言うが、よくわからない。ただ、年配の白人ばかりのティーパーティでは、ピアソンのように若いアフリカ系は稀有《けう》だったので目立つ存在になっていった。

12年の予備選では、各地のティーパーティが新人議員を立てて共和党の穏健派議員の議席を奪った。テッド・クルーズもこの時に上院議員になったが、彼のスタッフとしてこの時にメディアに登場したのがピアソンだ。福祉の切り捨てを主張するクルーズに貧しいアフリカ系出身のスタッフがいることで、世間から注目された。

ピアソンはその勢いで、14年の下院議員の共和党予備選に出馬したが「福祉で育ったのに福祉を批判するとは恥知らずだ」と叩かれて惨敗した。だが、彼女は消えなかった。15年9月、ピアソンはクルーズのライバルであるトランプ陣営についた。もちろんオポチュニストだと批難されているが、彼女は鞍替えの理由を、クルーズよりも勝機があるからと説明している。

ピアソンは正しい。12月11日にロイターとイプソスが行った世論調査が発表されたが、イスラム教徒入国禁止発言が良くないと考える共和党員は29％で、64％が別に悪いとは思わないと答えた。そして共和党有権者のトランプ支持率は35％で、その前と変わらずトップだった。ピアソンが言った通り「So, what?」だったのだ。

ティーパーティからトランプに乗り換えたのはピアソンだけではない。トランプの選挙対策委員長コリー・リワンドウスキーはＡＦＰ（繁栄を求めるアメリカ人）出身だ。ＡＦ

Pはティーパーティを作った政治団体である。

コーク兄弟の野望を阻むトランプ

もともとティーパーティは草の根運動でも何でもない。AFPが集会を呼びかけ、会場を借り、幹部を合宿で研修させ、参加者動員のためのバスまで出して育てたアストロターフ（人工芝。ニセの草の根運動）だ。そのAFPは、石油化学コングロマリット「コーク産業」を経営するコーク兄弟の資金で運営されている。

コーク兄弟はかつて自らホワイトハウスを目指した。弟のデヴィッド・コークは79年、第三党のリバータリアン党からエド・クラークという弁護士が大統領に立候補した時、副大統領候補に指名されたのだ。コークたちは所得税や社会保障の完全撤廃、最低賃金の廃止など無政府主義的な自由放任経済を掲げたが、得票率わずか1％という惨憺《さんたん》たる結果に終わった。この二大政党制においては第三党では勝てないと知ったコークは共和党を内部から乗っ取ることにした。それがティーパーティなのだ。

ティーパーティはテッド・クルーズをはじめオバマケアや累進課税やCO_2規制に反対す

る過激な新人議員たちを擁立して予備選で共和党の主流派やベテランを「中道的」「穏健派」と攻撃して、その議席を奪っていった。

ティーパーティをコーク兄弟が操っていたことは最初、秘密だったが、10年に雑誌「ニューヨーカー」がAFPに潜入取材したルポで白日の下にさらされた。でも、コーク兄弟は気にしなかった。同じ年、最高裁判決でスーパーPACが合法化され、大手をふって選挙資金をいくらでもぶち込めるようになったからだ。

そして今回の16年の大統領選で共和党に政権を奪還させるため、コーク兄弟は9億ドルという巨費を投じると発表した。コーク兄弟による共和党の乗っ取り、いや、アメリカ政府の支配という野望が目前に近づいたのだ。

ところがトランプが登場した。トランプはティーパーティ以上に過激に右翼的な発言でティーパーティ支持者を横取りしてしまった。ティーパーティの戦略を横取りしたと言ってもいい。そればかりか、先述のようにティーパーティの運営メンバーまでトランプのほうに行ってしまったのだ。

コーク兄弟は15年8月、「アメリカン・ドリーム防衛サミット」というイベントを行い、テッド・クルーズ、マルコ・ルビオ、ジェブ・ブッシュなどの大統領候補者を集めた。みんな9億ドルをもらうためにコーク兄弟に媚《こび》を売りに行ったのだ。

「コーク兄弟のサミットに集まって金を無心する候補者の皆さん、うまくいくといいね」

サミットの期間中にトランプは嫌味なツイートをした。

「操り人形かい？」

資金を自分で出せるトランプは、コーク兄弟が操れない脅威なのだ。

ただ、この先、どう転んでも共和党の負けはほぼ確定している。もし、トランプが予備選で負けて、彼以外のどの候補がヒラリーとぶつかってもトランプに比べると補欠という か二軍の登板にしか見えない。現在のトランプ支持者の票を得ることはできないだろう。実際、トランプ支持者の68％が、トランプが共和党ではなく第三党から本選に出ても彼に投票すると答えている。

逆に、トランプが予備選に勝ったとしても、本選で勝つ可能性は低い。予備選で共和党内の人気取りのために差別発言やセクハラをしすぎたので、非白人や女性の支持を失ったからだ。

それに、たとえトランプがヒラリーを下して大統領になったとしても、先述したとおり、それは共和党の勝利ではない。どう転んでも共和党には一切勝ち目がないのだ。

共和党と保守系メディアはキリスト教徒で銃と戦争が好きで福祉が嫌いな白人の支持を集めるために特化してきたが、それを誇張して怪物化したようなトランプの登場でアイデンティティ・クライシスに陥っている。ヒラリーもオバマも民主党もリベラルも何もしていない。ブラックホールが自らを吸い込むように内部に向かって崩壊し続けている。

第4章

トランプ旋風の正体

2016年1月～7月
オバマの涙からトランプの受託演説まで

オバマは史上最低で最高の大統領、って、どっち？

2016年1月

オバマ大統領の目から一粒の涙がこぼれた。

2016年1月5日、オバマ大統領はホワイトハウスから大統領令を発表した。

「我が国では自殺や事故を含めて毎年3万人以上が銃で死んでいる。アメリカは地球で唯一、銃の暴力が続いている先進国だ。我々は感覚がマヒして、これが普通だと思い始めている」

今回の大統領令はすべての銃器販売業者にライセンスを義務付け、銃購入者の精神病や犯罪歴のチェックを強化するのが目的だ。11年1月、ガブリエル・ギフォーズ下院議員（当時）の頭部を撃ち、6人を射殺した犯人、12年7月にコロラド州オーロラの映画館で12人を射殺した犯人、同年12月にコネチカット州ニュータウンの小学校で児童ら26人を射殺した犯人、みんな精神を病んでいた。オバマ大統領のまわりに立つのは、それらの乱射事件の遺族たちだ。

大統領令を発したのは、法案を出しても共和党が多数を占める下院議会を通過する見込みがないからだ。銃所持者400万人を会員に持つNRA（全米ライフル協会）は年間3億ドルもの予算の9割を共和党に投入している。

「銃によって多くの人々が生命と自由と幸福を求める基本的人権を奪われてきた。サンタバーバラの大学生、コロンバインの高校生、ニュータウンの小学校1年生……」

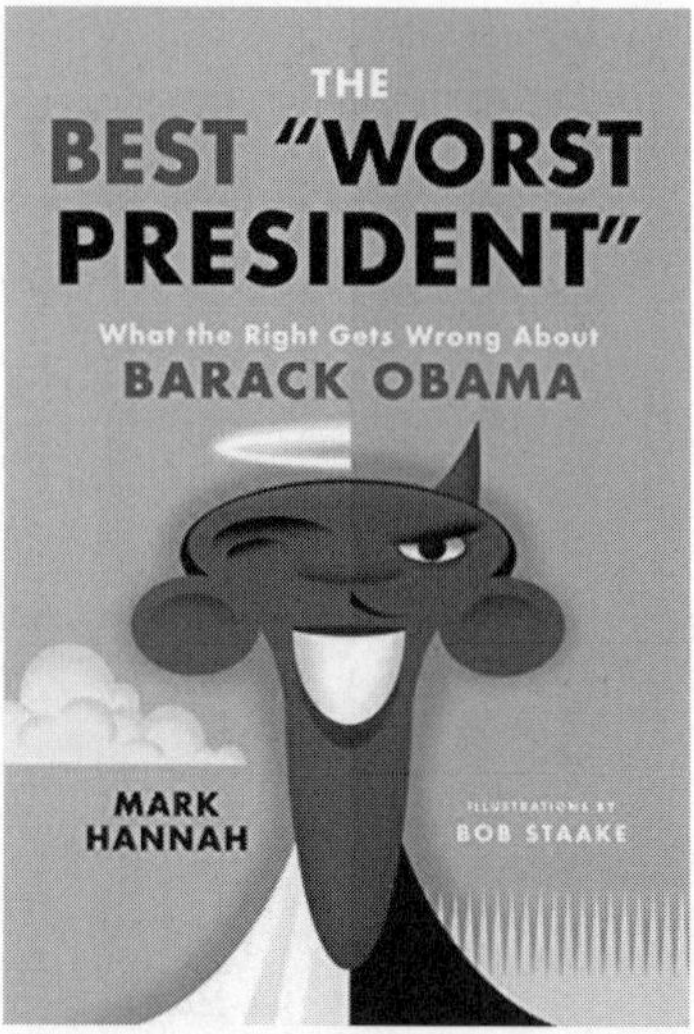

『最低で最高の大統領』。共和党と右派メディアはオバマのすべてに反対だ

そこで大統領の声は詰まった。

「……小学校1年生だよ……」

大統領の頬を涙がつたうと記者陣のストロボが一斉にたかれた。

共和党と保守系メディアは一斉に、この大統領令に反発した。

大統領候補に出馬しているジェブ・ブッシュは「銃規制で最初に影響を受けるのはいつも法を遵守する銃所有者だ。オバマの大統領の権力の行使は非常に危険だ」と批判し、下院議会議長ポール・ライアンは「オバマの銃規制は大統領の権限を越えている」と言い、ニュージャージー州知事のクリス・クリスティは「オバマはまるで独裁者だ」とまで言った。

FOXニュースの女性コメンテイター、アンドレア・タンタロスは「本当の涙かしら」と笑った。「どこかにタマネギ隠してないか調べたほうがいいわよ」

タンタロスはギリシャ系の美女でいつも意地の悪いコメントが売りだが、幼い子供たちの命を思った涙まで笑うのは人でなしだ。

オバマが全国民から銃器狩り？

1月7日、大統領は銃器規制への理解を求めて、ワシントン郊外のジョージ・メイソン大学で、銃所持の権利を主張する人々と直接話し合った。映画『アメリカン・スナイパー』のモデルになった米海軍特殊部隊SEALsの狙撃兵クリス・カイルの未亡人タヤさんも出席して大統領に質問した。「銃による死者数はここ30年間で減少の一途をたどっています。銃を規制するよりも、祝福すべきでしょう?」

タヤさんは、PTSDで心を病んだ兵士に夫を射殺されたのに、精神病歴のチェックよりも銃所持の権利を守ろうとする。人の信念は簡単に変わらない。

そもそも銃による死者数の減少はまさに銃規制の成果なのだが、銃所持者は、銃所持の権利こそが銃の暴力から市民を守ると信じ続ける。ジョージ・メイソン大学では、コロラドで若い頃にレイプされた経験がある女性が、銃を買うのを難しくしないで欲しいとオバマに訴えた。「私をレイプした犯人が刑期を終えて出所したら、私に復讐しようとするかもしれません。身を守るのに銃が必要なんです」

「今回の規制は、あなたには何も影響がありません」大統領は優しく言った。「犯人が銃を入手するのを難しくするための大統領令なんですよ」

どうも銃所持者たちはオバマの銃規制に怯えすぎのようだ。こんな質問も出た。「アメリカには3億5000万もの銃があります(アメリカの人口は3億人)。それをどうやって全部没収するんですか?」

「私は全部没収するなんて言ってません!」大統領は困り顔で否定した。「オバマは国民から銃を取り上げるつもりだ」というのは、共和党のタカ派やＮＲＡが撒き散らしているデマなのだ。

そもそも、今回の大統領令は共和党が言うように「大統領の権限を越えた」「危険な」ものではない。

現在、銃砲店で銃を買うと、精神病と犯罪歴のチェックのため、銃が手に入るまで数日かかる。そのシステムは共和党支持者の９割に支持されている。ただ、抜け道がある。公会堂などで開かれるガン・ショーという品評会だ。ここでは銃砲店だけでなく、一般人も自分の銃を持ち寄って売ることができる。その場で引き渡しになるため、精神病や犯罪歴チェックは行われない。ハーバード大学が２０００人の銃所持者に対して行った調査によると、３割の銃がチェックなしで購入されている。こうした売買はインターネットで拡大している。それを規制するために、すべての銃器売買を認可制にしようというのが、今回の大統領令なのだ。だから「法を遵守する市民」が恐れる必要は何もない。

最小の大統領令数なのに「独裁者」？

でも、そういう論理がまるで通じないほど共和党支持者はオバマの政策すべてにNOで答える状況になっている。ジミー・キンメルというコメディアンの深夜番組は街頭インタビューでひっかけ質問をしてマヌケな答えを集めるコーナーが人気なのだが、先日、「オバマケアに賛成？　反対？」と質問して、反対と答えた人に「ではアフォーダブル（適正価格）医療保険法は？」と尋ねた。すると全員が「それはいいね」と賛同した。実はアフォーダブル医療保険法とはオバマケアの正式名称なのに！

これはお笑い番組のネタと笑えない。似たような調査をハフィントン・ポストとユーガヴが正式に行った。

まず「オバマ大統領は国民皆保険制度を称賛しています。賛成ですか反対ですか？」という質問。これには30％が「強く反対」を選んだ。次に「ドナルド・トランプ氏が国民皆保険制度を称賛しています」という質問。ところがこれには「強く反対」は17％しかいなかった。国民皆保険制度とはまさしくオバマケアのことだ。つまり、多くのアメリカ人が、オバマケアとは何なのかまったくわかっていないうえに、とにかくオバマがやれば反対だが、トランプがやれば文句はないということなのだ。

「オバマは史上最低の大統領だ」

トランプは出馬を匂わせた11年にそう言った。それはティーパーティの集会ではいつも言われている言葉だった。14年7月、クイニピアック大学が「第二次大戦後の大統領でワーストは？」というアンケートを行ったところ、子ブッシュの28パーセントを押さえて33パーセントがオバマを選んだ。ちなみにベストはロナルド・レーガンだった。15年4月、ブッシュ政権の副大統領だったディック・チェイニーも、オバマがイランの核開発停止を条件に、経済制裁を中止したことを批判して、「外交能力において、オバマは最悪の大統領だ」と言った。

この直後、オバマはホワイトハウス記者クラブの晩餐会で「ディック・チェイニーも僕の人生で最悪の大統領だよ」と言い返した。オバマの皮肉には二重の意味がある。まずチェイニーは空っぽのブッシュを操る「真の大統領」と呼ばれていたこと。そしてチェイニーはイラクが核開発していると主張してイラク戦争を仕掛けたが、そのいっぽうで本当に核開発していた北朝鮮を放置し、核ミサイルを持たせてしまったことだ。

オバマが大統領になってから共和党は「独裁者」と攻撃し続けてきた。それが本当かどうかは、議会の承認を必要としない大統領令の数でわかる。歴代の大統領で最も多くの大統領令を出したのはフランクリン・ローズヴェルトで、その数なんと3721！　それは第二次大戦の非常時で在任期間が延長されたことと、大恐慌を救済する改革と、戦争のため、素早い実行が必要だったからだ。それに対してオバマはたった242。レーガン（381）、クリントン（364）、子ブッシュ（291）よりも少ない。

オバマは可能な限り、議会で共和党の同意を取り付けようとしてきた。子ブッシュ政権が始めた富裕層への減税もあらためようとしたが、共和党の反対にあって、あきらめた。国民の盗聴を合法化する愛国法も延長した。大統領令で強行突破しちゃえばいいのに、とリベラルな論客が苛立つ時も、オバマは焦らずに共和党の説得を続けた。「左右に分裂してしまったアメリカを統合したい」という、就任式の誓いを守っているかのようだ。

「最高の大統領」レーガンより高い支持率

といっても、オバマはけっして夢見がちな平和主義者ではない。オサマ・ビン・ラディンを暗殺し、ドローン（無人攻撃機）によってコラテラル・ダメージ（民間人の被害）も顧みずにテロリストを殺しまくっている。冷徹なまでのプラグマティストなのだ。

オバマの実務的能力も数字が証明する。08年の金融危機が続くなかで就任したオバマ大統領は、破綻したＧＭとクライスラーを再生し、16年までに全米の失業率を5％下げ、企業の収益を１６６％増やし、Ｓ＆Ｐ５００の株価を１３９％上げ、暴力犯罪件数を16％減少させた。銃の販売量も58％も増えている。これは、オバマ政権が銃を規制する前に買っておこうとする動きが原因だといわれる。

そして、オバマの支持率は、任期5年目から連続して上がり続けて、16年には50％を超えて上昇中だ。これは同じ時期のクリントン（57％）よりは低いが、レーガン（51％）よりは高い。？？？「最低の大統領」のはずのオバマの支持率が「最高の大統領」レーガンよりも高いってどういうこと？

『オバマ、最低で最高の大統領』の著者マーク・ハナーは「ティーパーティとＦＯＸニュースなどの右派メディアがオバマをデモナイズ（悪魔化）した結果だ」と言う。たしかにオバマを「最低の大統領」に選んだ33％は、全米の共和党支持率とほとんど一致する。彼らは大手メディアにはリベラルのバイアスがかかっていると信じ、政治情報はＦＯＸニュースでしか観ない。ギャラップの13年7月の調査ではＦＯＸ視聴者の94％が共和党寄りだ。そこでは連日、キャスターたちが「オバマはイスラムだ」「社会主義者だ」「アメリカ人ではない」と罵っている。だが、ＦＯＸを観ていない人々は普通にオバマの仕事を評価する。だから、「最低」とする者3割と、支持する者5割に分かれるというわけだ。

そして、オバマの悪魔化というFOXお得意のやり方で横から奪ったのがトランプなのだ。いくらFOXがトランプは危険だと警告しても視聴者は圧倒的に彼に熱狂する。そんな人々を作ったのはFOXなのに。

追記　16年7月にサフォーク大学と「USAトゥデイ」紙が共同して調査した結果によると、トランプ支持者の68％がFOX視聴者で、逆にFOX視聴者の83％がトランプ支持だった。

「フィールド・オブ・ドリームス」の町でトランプの演説を聴いた

２０１６年２月

２０１６年２月１日のアイオワ州での党員集会を皮切りに、ついに大統領予備選の投票が始まる。

簡単に候補指名の仕組みを説明しよう。まず、党内での予備選は、大統領選挙と同じように間接選挙で行われる。大統領選の選挙人と同じように州ごとに「代議員」というものが決められ、彼らの投票で候補が決まる。代議員は自由に投票できるわけではなく、自分の州での党員の投票結果に従って投票する。

共和党では大統領選と同じく、各州で勝った候補がその州の代議員全員の票をさらうが、民主党では得票率に従って代議員の票が分配される。たとえばA州である候補が６割の票を獲得したら代議員数の６割が彼に与えられる。

かつてはこの予備選投票は、基本的に党大会で一度に行われていたが、68年にシカゴ民主党大会で候補をめぐって流血の事態になってから（詳しくは後述）、各州で順次に半年ほどかけて行われるようになった。混乱を防ぐために、投票は代議員数が少ない州から始めて、だんだん人口の多い、大きな州へと広がっていく。民主党も共和党も最近はアイオワから始めるのが通例になっている。

さっそく現場に行ってみた。

アメリカの運命を決めるトウモロコシの国

1月30日土曜日早朝、シカゴ空港について、レンタカーで隣のアイオワ州に移動した。というのも、筆者が住むサンフランシスコからアイオワに飛ぶ直行便がほとんどなかったからだ。

アイオワ行きの便が少ないのは、サンフランシスコとの間でビジネスがあまりないことを意味している。アイオワのようにアメリカの真ん中あたりに位置する州をフライオーバー（飛び越される）・ステイツと呼ぶゆえんだ。

シカゴ空港でレンタカーを借りて、西に2時間半ほど走る。イリノイ州からアイオワ州に近づくに従って、次第に木立がまばらになる。ついには土がむき出しの土地が地平線の彼方まで広がる寒々しい光景になった。ここから先はずっとトウモロコシ畑だ。あの『フィールド・オブ・ドリームス』の舞台となったデュビューク郡で、これからドナルド・トランプの演説がある。

アイオワの面積は北海道の1・8倍あるが人口は310万人しかない。土地の大部分がトウモロコシ畑である。だが、今は2月なので、ただ茶色い土がむき出しになっている。1930年代、中西部が旱魃に襲われ、収穫を終えたトウモロコシ畑の表土が乾燥して空に舞い上がり、巨大な砂嵐になった。これが有名な「ダストボウル」で、太陽さえ見えないほどだったという。SF映画『インターステラー』では地球滅亡の原因になっていた。

アイオワ州の一人当たりの平均年収2万8361ドル。ほとんど農業従事者なのに、州全体の生産高のうち農業が占める割合はわずか3・5%にすぎない。それはトウモロコシの生産者価格がほとんどタダに等しいからだ。じゃあ、どうやって生活するのか。アメリカの農業政策で、トウモロコシ農家は政府の補助金を受給する。それが主な収入源になっている。トウモロコシを過剰に保護する政策の背景には穀物メジャーによる政治ロビー活動などがあるが、予備選も理由のひとつだ。

アイオワから予備選がスタートする以上、ここでの勝敗は選挙全体を大きく左右する。アイオワで負けた候補が最終的に勝ち残る例は多くない。だから、政治家は常日頃からアイオワを優遇する政策を続けて、心証を良くしようとする。補助金をカットしたら、大統領にはなりにくい。

自家用ボーイング757で降り立ったトランプ

ミシシッピ川に架かる橋を越えて、イリノイ州からアイオワ州デュビューク市に入る。今日、ここの空港にドナルド・トランプが遊説に来るのだ。
デュビューク市の人口は5万8000人。主要な産業はトラクターなどの農作業機械を生産するジョン・ディアー社の他は農家。空港に向かう片側一車線の道路はピックアップ・トラックで大渋滞だった。みんなトランプを観に来たのだ。
空港は小さくて、農薬を散布するための小型飛行機が何台もある。カマボコ型の格納庫に集まった聴衆は100人ほど。トランプのスローガンである「アメリカをもう一度グレートに」と書いた赤い野球帽を被った人が多い。

小学生の娘を連れて来ていた中年の男性に話を聞いた。彼はストコフスキーさんという工場勤務の45歳で、「この近所ではトランプみたいな有名人を間近で見られる機会はめったにないから来た」という。共和党員ではないから予備選の投票資格はない。「本選でも投票はしたり、しなかったり」とのこと。彼のように政治に熱心でない人まで集めるほどトランプのセレブ・パワーは強い。

しかし、こうして聴衆を見渡すと全員白人。アイオワ州は白人が人口の9割を占める。自分はここでは、おそらくたった一人のアジア人だから、みんなに訝し気にジロジロ見られる。

「中国人?」

シーラさんという50代後半の女性に話しかけられた。職業は病院の事務。民主党のバーニー・サンダースがデュビュークに来た時も演説を観に来たという。

「トランプとサンダース、どっちを支持しようか迷ってるわ」

いちばん右のトランプと、社会主義者でいちばん左のサンダースを?

「私は共和党でも民主党でもないし、右でも左でもないわ」

実にアイオワらしい。アイオワはオハイオやコロラドなどと同じく、大統領選で民主と共和どちらが勝つかわからないスイング・ステイト（左右に浮動する州）、いわゆる激戦州の一つだ。だからこそ、サンプルを取る意味で予備選最初の州になった。

さっきから予備選と書いているが、アイオワではコーカスと呼んでいる。党員集会と訳されるが、もともとはアメリカの先住民アルゴンキン族の言葉で首長を決めるための会議を意味したらしい。近代の民主主義はアメリカから始まったが、そのシステムには先住民起源のものも多い。そもそも連邦制自体が６つの先住民部族の連合であるイロコイ連邦からヒントを得たと言われる。アメリカ先住民は部族のリーダーも投票で決めていた。アメリカが独立宣言する前に。

悪魔を憐れむ歌

デュビューク空港のＰＡシステムから爆音でローリングストーンズの『悪魔を憐れむ歌』が流れ始めた。大統領選挙にはどうも不似合いな歌詞だ。キリストの処刑、ロシア革命、ナチの電撃作戦、ケネディ大統領の暗殺などの人類の暴力の歴史をずっと見守ってきた存在が「私の名前は何でしょう？」と問いかける。答えはもちろん魔王サタンだ。トランプはどういうつもりでこんな歌をかけているんだろうか？　トランプの出馬自体、本気なのかシャレなのか、いまだにわからない。「このゲームのルールがわからなくて困っているようですね」という『悪魔を憐れむ歌』の歌詞そのままだ。

曲が『ブラウンシュガー』に変わった。これもニューオリンズの奴隷市場で買った女性とのセックスに夢中になる白人の農場主の歌だ。空の彼方から胴体に「トランプ」と書かれたボーイング757が飛来し、一度旋回してから、目の前の滑走路に着陸した。その迫力に熱狂的に盛り上がる聴衆。

「すごいジェットだろう？　自腹だよ」

タラップから降りて演壇に立ったトランプはさっそく自家用機自慢。

「共和党の他の候補みたいにウォール街から金をもらっていないからな」

トランプは共和党の大統領候補者で、支持率で2番手につけているテッド・クルーズ上院議員を激しく攻撃した。

「あいつは女房が取締役をやっているゴールドマン・サックスから1200万ドルもの資

金を借りている。彼が皆さんのために政治をするわけがない。ウォール街のためだ！」

前のほうに陣取っている熱心なサポーターたちが歓声を上げる。

ところが自分が立つ場所と反対側のほうから激しいシュプレヒコールが起こった。

「レイシスト！　レイシスト！」

プロテスターが演説を妨害しようとしている。地元の人ではない。わざわざ抗議するために都会から来た学生らしい。

「そいつらを叩き出せ！」トランプが指さした。「でも、ケガさせるなよ。マスコミに叩かれるから」

前に黒人の男性がトランプに野次を飛ばしたら観衆に袋叩きにされたからだ。

「いや、でも、その次は穏便に会場の外に出てもらったら、マスコミに『トランプたちは弱くなった』と書かれたよ。難しいね」

笑って肩をすくめるトランプ。そちらの件は集会にヒジャブを着たイスラム教徒の女性がいて、セキュリティが彼女をエスコートして退場させたのだ。

トランプはデュビュークではメキシコやイスラムの移民についてあまり語らなかった。いないからだ。デュビューク郡のヒスパニック人口は０・７％以下。アイオワ全体でも

5・6%にすぎない。当然、「彼らに仕事を奪われて……」などという問題にはなっていない。イスラム教徒はほぼゼロだ。

「IS(イスラム国)なんかクソをもらすほど爆撃してやる」

「クソ」なんて、間違っても他の大統領候補は言わないだろう。空爆ならオバマもしている。問題は、そこに平和と秩序をもたらすには地上軍が必要になるということ。デュビュークのような田舎では、都会よりも軍に入る人が多い。州内での仕事の給料よりも軍のほうが高給だし、恩給もつくし、除隊後は無料で大学に行ける制度があるからだ。だから戦争は、田舎の人にとって身近だ。

「私は先日のFOXニュース主催の共和党の候補者討論会をボイコットした」

トランプは前回の討論会でFOXニュースのキャスターの集中攻撃を受けた。トランプは飄々《ひょうひょう》と受け答えて乗り切ったが、今回は、わざわざ敵の罠に飛び込む必要はない、ということで出演をボイコットしたのだ。

「FOXのくだらない討論会の代わりに私は退役軍人のための寄付集めのテレビマラソンをした。そのほうが世の中の役に立つだろ?」

そこでシーラさんら数人の聴衆が歓声を上げて拍手した。

「わたし、トランプを支持することにしたわ」とシーラさん。「私の兄はベトナム帰還兵だったけど、戦場でけがをして、貧乏なまま死んだのよ。今も、国のために戦った兵隊さんたちへの扱いはひどいわ」

シーラさんだけでなく、退役軍人関係者の間でトランプへの好感度は増しただろう。これは予備選を勝つには大きなポイントだ。共和党は退役軍人への福祉予算をカットし続けている。15年11月にも、共和党が支配する予算審議会は、オバマの予算案から、退役軍人への医療費援助の6億9000万ドルを削減したばかりだ。

帰還兵といえば、1月19日イラク戦争の帰還兵であるサラ・ペイリンの息子が逮捕された。妻に対する暴力だ。彼は駆けつけた警察官に対して自分にライフルを向けて「近づくと自殺するぞ」と脅し（？）たが、結局投降した。その件についてペイリンは1月21日にオクラホマでの演説でこう語った。

「私の息子は9・11テロの後、陸軍に志願してイラク戦争に従軍しました。今回の事件はPTSDが原因です。我々の大統領にどこを見ているのか問いかけなければなりません」

オバマのせいだっていうの？　イラク戦争したのはブッシュだよ。オバマ関係ないよ。ペイリンは相変わらずだなあ。でも、トランプとはいい暴言コンビだ。

トランプに地上戦は必要ない？

トランプは演説が終わると、ひとしきり人々にサインや握手をしてからまたボーイングに乗って、次の町へと飛び去った。今頃、他の候補たちはバスで、アイオワの小さな町のコーヒー・ショップやスーパー・マーケットを小まめに回っている。日本ではどぶ板選挙と呼ばれる地道な戦術。英語ではリテール・ポリティクス（小売り政治）、または地上戦（グラウンド・ゲーム）と呼ぶ。実際に投票所まで足を運ばせるためには直接的な運動が必要だといわれる。アメリカでは戸別訪問も許されている。トランプ以外の候補は、アイオワの隣の州イリノイやカンザスの支持者たちに、この週末、車でアイオワ州に入って一軒一軒ドアを叩いて投票に誘うよう呼びかける。この地上戦で特に強いのがテッド・クルーズ。彼を上院議員に担ぎ上げたティーパーティがついているし、キリスト教福音派のネットワークもある。

ところがトランプには、まだ地上戦ができる「歩兵」がいない。だからボーイングで地方空港を飛び回って文字通りの「空中戦」のみだ。メディアは朝から晩までトランプのことばかり報道しているから、充分、知名度で勝っているが。

トランプの演説が終わった今、午後3時過ぎだが、筆者は、ここから車で南西に1時間半走って、アイオワで2番目に大きな街、シダーラピッズに行かねばならない。夕方6時から、そこで民主党の大統領候補、バーニー・サンダースの応援集会がある。

「イナフ・イズ・イナフ（もう沢山だ）！」
バーニー・サンダースの革命に熱狂する若者たち

２０１６年２月

デビュークからシダーラピッズまで自動車で向かう途中でガソリンを補給したら、どのガソリンにもエタノールが混入されていた。地元で採れるトウモロコシから精製する燃料用アルコールだ。ブッシュ政権の頃、石油に代わる夢の燃料としてエタノールが注目され、政府から多額の助成金が出たが、トウモロコシの栽培には石油から作られる肥料が大量に必要だと判明して、エタノール幻想は崩れた。マヌケな話だ。

人口12万人のシダーラピッズはアイオワシティに次いで州で2番目に大きな街で、川に挟まれた中州にある。かつてはアマチュア無線機、いまはミサイルなどの軌道修正装置で知られるロックウェル・コリンズ社の城下町だ。

サンダースの応援集会の会場はダブルツリー・ホテルのコンヴェンション・センター。遅れて飛び込んだので既に会場は立ち見までいっぱいだった（地元新聞によれば1200人）。白人が9割を占めるアイオワではめったに見ないアフリカ系やラテン系、アジア系もいる。鼻にピアスをしたり、髪を赤や青に染めたりした女の子もいる。通常の大統領選挙の集会には珍しい。

そして何より、彼らは若い！　トランプ集会の白髪率は半分以上だったが、サンダースのほうは20代が多く、それに50人ほどの若者がステージの雛壇《ひなだん》に座っている。

大学の学費無料化の公約に若い支持者たちが熱狂する

彼らが掲げるプラカードやTシャツに書かれたスローガンは「フィール・ザ・バーン（バーニーを感じろ）」。これはフィール・ザ・バーン（この熱さを感じろ）のシャレ。または「A Future to Believe in（信じたい未来）」。「The Revolution Starts Here（革命はここから始まる）」というプラカードもある。ＰＡから流れている曲も『ザ・レヴォルーション・スターーツ・ナウ』。カントリー歌手スティーヴ・アールの2004年の歌だ。

革命は今、始まるんだ
君の家の裏庭で
君が暮らす町で
ぼんやりしている場合か
自分の心に従えば
革命はそこから始まるんだ

ゲストとしてまず壇上に立ったのはコーネル・ウェスト博士。もじゃもじゃに逆立てたアフロ・ヘアで、遠くから見るとドン・キングのよう。ウェスト博士は、アフリカ系アメリカ人としてはプリンストン大学で初めて哲学の博士号を取り、名門ハーバード大学でも大学教授を務めた。でも、深夜のお笑いトーク番組にもよく出演して、大きな声と派手なジェスチャーでマイノリティの権利について熱く語るので人気がある。映画『マトリックス』の続編『リローデッド』と『レボリューションズ』にもレジスタンスの指導者役で出演している。ウェスト博士は全身を大きく動かしながら、ラップ調で語り始めた。

「大富豪や企業から金をもらいながら、貧しい人々の味方のフリをしている奴らがいる！人種で国民を分断しようとしている奴らがいる！　だが我々は団結しなければならない。白も黒も赤も黄色も茶色も富める者も貧しき者も！　みんなで愛の列車に乗るんだ！バーニー・サンダースに投票しよう！」

大学の学費を全部タダに！

「バーニー！」「バーニー！」と熱狂的なコール。バーニー・サンダースがヨタヨタとマイクに近づいた。その白髪はいつものとおり櫛《くし》もあてずにクシャクシャだ。

「明日の民主党党員集会は、政治の現状を維持するか、アイオワが革命を始めるかの選択です！」

なにしろ74歳なので、声はしわがれ、時々、激しく咳き込むこともある。でも、言葉は明確で強い。

「わたしが大統領選に出ると言ったらこう言われました。『バーニー、スーパーＰＡＣで大企業や大富豪から何千万ドルもの政治資金を集めなきゃ勝てないよ』と」

大資本家や企業から集めた莫大な資金で政治家を支援するスーパーPACは、10年に最高裁が、反ヒラリー団体に合憲の判決を下したことで始まった。しかし、そのヒラリーも今では巨大なスーパーPACに支援されている。

「冗談じゃない。わたしは大企業や大富豪の意向を実現するために立候補するんじゃない！　奴らの金などもらわない。ゼロだ！」

大喝采。サンダースは平均27ドルの小口のネット寄付で資金を募り、今年1月だけで2100万ドルも集めた。08年にバラク・オバマも同じ方法で資金を募って、選挙期間中に1300万人から集めた寄付は総額9500万ドルに達した。そんな草の根募金に対抗しようとして大資本家たちが作ったのがティーパーティであり、スーパーPACだった。しかし、サンダースの草の根パワーはスーパーPACを凌駕《りょうが》しており、投票が近づいてからサンダースの公式サイトの寄付ページはアクセスが殺到してサーバーがダウンする事態にまでなっている（2月いっぱいの寄付額は4000万ドルを超えた）。

「わたしは、大統領になったら、このスーパーPACを再び違法にする！　この選挙は、人民の人民による人民のためのものだ！」

この、あまりに有名なリンカーンの言葉を途中から、聴衆も声をそろえて叫んだ。自分の近くに立っていた40歳くらいの白人のジーンズ姿の男性は「その通り！　ガッデム！　俺はこのジイサンが好きだぜ！」とガッツポーズをしていた。

「いまいちど、今回の選挙で国民が何を選択するのか明確にしておきましょう。共和党はオバマケアを撤廃すると主張しています。そうなったら、２７００万人が医療保険を失います！　私はすべての国民に保険を保障する！　民主党のライバル（ヒラリーのこと）は『バーニーはオバマケアを撤廃しようとしてる』などと言っているが、嘘っぱちです。私は逆にユニバーサル（包括的）・ヘルスケアを提唱しているんです！」

　オバマケアは、依然として大手保険業者のコントロール下に置かれているが、サンダースは日本や欧州諸国のような、政府管理による国民皆保険制度の実現を打ち出している。

「共和党が医療や福祉や環境保護の予算を削減するのは、彼らが富裕層に対して２７００億ドルもの減税をしているからです！　だが、私は金持ちどもにもきちんと税金を払ってもらう！　Enough is enough（もう沢山だ）！」

　この「イナフ・イズ・イナフ！」も場内大合唱。さすがマーティン・ルーサー・キング牧師の影響で政治に飛び込んだだけあって、キラー・フレーズを使った演説が上手い。

「また、共和党は連邦予算から教育費をここ10年で900億ドルも削減する案を掲げています！」ここで客席から激しいブーイング。やはり若い学生が多いのだ。「だが、私は公立大学の学費を無料にします！」

若者たちは大喜び。ヒラリーは利子無しの学生ローンを提案しているが、タダに比べると弱い。

ヒラリーとの違い

「共和党の連中は貧困層を福祉に頼る社会の寄生虫と呼んで切り捨てようとします。しかし、実際の話、福祉の恩恵を最も受けているのは大企業や大富豪なのです。たとえばウォルマートを経営するウォルトン一家だ！」

ウォルマートは世界最大のスーパーマーケット・チェーン。商店街が丸ごと入ってしまう超大規模店をアメリカ中に建て、安さと品揃えで地元の小売店を潰してしまったので、田舎ではウォルマート以外では買い物もできないし、働く場所もない。ウォルマートの従業員数は140万人。これは全就業人口の1％にあたる。だが、賃金は最低に抑えられている。

「ウォルマートで働いても家族を食わせることはできません。だから従業員はメディケイド（貧困層向けの医療費扶助）やフードスタンプ（貧困層向けの食費扶助）やプロジェクト（貧困層向けの福祉住宅）に頼って暮らしています。それは我々が汗水たらして働いた金から払う税金で賄っているんです！　そんな低賃金で利益を拡大してウォルトン一家は潤っている。ウォルマートに言いたい。福祉に頼るのはやめて正当な賃金を払え！」

サンダースがウォルマート問題を強調しているのは、ヒラリーの急所だからだ。彼女は弁護士時代に1986年から6年間、ウォルマートの役員を務めていた。さらに今回の選挙でも、経営者のウォルトン一族から35万3000ドルの寄付を受けている。ただ、サンダースはけっしてヒラリーを名指ししない。そこが、テッド・クルーズをゴールドマン・サックスの味方だと攻撃するトランプとは違う。

「金持ちから取るべきものを取れと言うと、過激だの、社会主義だの、アメリカの自由競争主義に反するだのと言う連中がいるが、朝から晩まで働いても貧乏なのがアメリカ的なのか？　共和党は雇用者側の味方だから最低賃金は連邦法で7ドル25セントに抑えられているが、これでは飢えてしまう。私は時給15ドル以上に上げると公約する！」

ちなみに日本は平均798円。う〜ん。

この演説を聞くだけで、バーニー・サンダース人気の正体がわかる。改革案がいちいち具体的だ。

対するヒラリーは改革案をそれほど押し出さない。オバマ政権の政策の継承を掲げているからだ。オバマの支持率は3月現在42%だが、任期8年目としては低くないし、失業率も低く、景気も株価もいい。黒人やヒスパニックの間の支持率は圧倒的に高い。このオバマ支持層をヒラリーは引き継ぐ必要がある。だから、新しい政策よりも、ヒラリー自身が今まで達成してきた実績を並べて、信頼性を強調することになる。

だが、これでは現状維持でしかなく、現状に不満を持つ層の心を摑めない。特に08年の金融危機から就職で苦労してきたミレニアル(1980年代以降生まれ)世代は。

「私はさっきから政治の偽善を暴き続けているからショックを受けた方々も多いでしょう。立ち直ってください(笑)。でも、共和党の偽善のなかでいちばんひどい偽善は何でしょう?

共和党は小さな政府を掲げます。社会保障は削れ、オバマケアは撤廃しろ、環境や金融に対する規制は自由市場に反する……。とにかく政府の力を少なくしろと言います。ところがなぜか、人工中絶だけは個人の自由ではなく、政府が取り締まれと言うのです！」

聴衆は爆笑。

「私は古臭いかもしれないが、民主主義というものは、有権者の一票一票に支えられると信じています。でも、コーク兄弟は今回の選挙で共和党を勝たせるために9億ドルを投入すると公言しています」

ティーパーティの黒幕だったコーク兄弟は、スーパーPACが合法化されたので、今回は堂々と大統領選に9億ドルを投じると宣言した。

「そうした少数の富裕層が金で政治を動かすなら民主主義とはいえない。寡頭《かとう》政治です！」サンダースは、1月16日にゴールドマン・サックスが50億ドルの罰金を払うことになったニュースに言及する。

「サブプライムローンを売ってアメリカ人をだまし、08年の金融危機を引き起こした罰です。しかし誰も逮捕されない。なぜなら取り締まる連邦政府の財務官僚もゴールドマン・サックスのOBだからだ！　今まで2人のCEOが連邦政府の財務長官になっている！」

金融危機の時に財務長官に任命されたヘンリー・ポールソンもそうだった。

「他の役員たちも政府の財務官僚になって、解任されると経営に戻っている。回転ドアというやつだ。そしてゴールドマン・サックスは政治家に莫大な選挙資金を提供している。だから政治家は富裕層への減税をやめないのだ！」

ちなみにヒラリー・クリントンもゴールドマン・サックスに招待されて何度か講演を行い、ギャラを受け取っている。

「マリファナを持ってるだけで逮捕されても前科者のレッテルを張られて一生苦労するのに、ゴールドマン・サックスは国民の生活を破壊して誰一人逮捕されない！『大銀行は大きすぎて潰せない』と言われるが、金融業者も大きすぎて逮捕できないのか？　いや、違う！　わたしは正義を実施する！」

昼間見たトランプの集会と似ているのは、党の主流派に対する怒りだ。共和党のテッド・クルーズも、民主党のヒラリーも財界の資金を受けており、トランプもサンダースもそれを激しく攻撃する。

ただ憎しみを煽るだけのトランプと違って、サンダースは格差の原因を明らかにし、具体的な解決を掲げる。それに実現性があるかどうかは論議が分かれるが、論理的で明確なのは事実だ。

「私はまったく同意できない！」

「共和党に政権を取らせてはならない！　彼らは〝家族の価値〟を掲げ、人工中絶の違法化を主張する。女性は自分の体のことを自分で決める権利を持たないという。私はまったく同意できない！」

何人かの女性が立ち上がって拍手する。

「共和党は、男性が男性同士、女性が女性同士で結婚することは法律で認められないという。私はまったく同意できない！」

今度はまた違う聴衆たちが立ち上がって拍手喝采。

「私が大統領選に出馬すると言ったらこう言われた。『アメリカの民衆には、医薬品会社や保険会社と戦って国民皆保険システムを実現する勇気はない』。私はまったく同意できない！」

「こうも言われた。『アメリカの民衆には、石油企業に立ち向かって環境を保全し、地球温暖化を食い止める勇気はない』。私はまったく同意できない！『我々はヨーロッパのように公立大学の学費を無料にすることなんてできない』。私は同意しない！」

I disagree（私は同意しない）を重ねていくことで、叛逆《はんぎゃく》の興奮が高まっていく。

「革命は難しくありません。我々普通の国民の利益のための政府にすればいいだけです。今のように上位1％の富裕層のためではなく！　国民が一丸となれば我々を止められるものは何もない！」

ここがサンダースと他の候補者たちの大きな違いだ。彼らは一様に「私」をアピールする。選挙だから当たり前なのだが、サンダースは要所要所で「我々」を主語にする。革命の主体はあなたたちなのだ、と。

「世界が我々を見ています。なぜか。アメリカが富豪と企業の既得権に逆らって革命ができるかどうかを見ているのです。私も君たちも知っている。それができることを！」

ここで思いだすのは、8年前、オバマが唱えた「イエス、ウィ・キャン」。彼は医療保険改革という庶民の悲願を実現したが、10年の中間選挙で下院議会を共和党に多数支配されてからは、富裕層への増税をはじめ、どんな法案も片っ端から拒否されて、改革は進まなかった。

「2014年の中間選挙で共和党が下院で圧倒的多数の議席を獲得したのは、どうしてかわかりますか？」サンダースは問いかける。「有権者の63％は投票に行かなかったからです。30歳以下の有権者の8割は投票しなかったからです」

アメリカ全体で共和党支持者の人口は民主党のそれを下回っているのに、中間選挙では共和党が圧勝することが多い。それは、大統領を選ぶわけではない中間選挙には、政治にあまり関心のない若い世代（民主党支持が多い）が投票に行かず、マメに投票に行く高齢者（共和党支持が多い）の票が力を持つからだとよくいわれる。

「だからわたしは若い諸君に期待します！」

大歓声のなか、サンダースは退場する。デヴィッド・ボウイの『スターマン』が流れる。

スターマンが空で待っている
子どもたちにそれに夢中にさせて
子どもたちにそれを使わせて
子どもたちにブギーさせて

ボウイにとって「それ」とはロックンロールを意味していたが、この場では「選挙権」を意味していると思った。サンダースの集会には、若い世代を魅了する革命の興奮がある。8年前の予備選で、ヒラリーを下したオバマのように。

トランプはハイテク化から落ちこぼれていく高卒の高齢者の不満を、サンダースは学費高騰で苦しむ高学歴者の不満をすくい取る。現在のアメリカでは、民主党も共和党も支持者は3割を切り、無党派が最も多くなっている。サンダースとトランプという二人のアウトサイダーの支持率の高さは、150年続いた二大政党制の既得権に国民が「イナフ・イズ・イナフ!」となっている証拠だ。

ロックフェラー・リパブリカンの終焉　共和党をカネで操ってきた大富豪たちがトランプ旋風にパニック

２０１６年４月

「大富豪による政治献金はアメリカの民主主義の大切な要素だ」

４月５日、大富豪アル・ホフマンJr.が「ＵＳＡトゥデイ」紙にエッセイを発表した。貧しいユダヤ系移民の息子だったホフマンは60年代に不動産開発で巨万の富を築き、２００0年の大統領選挙ではジョージ・Ｗ・ブッシュに巨額な献金を行った。当選したブッシュは05年に、ホフマンをポルトガル大使に任命した。

「大富豪は投資家だから、国の経済に悪影響を及ぼす政治家には献金しない。差別的な言動をする政治家からは寄付者は去ってしまう」

利益の追求がより良き社会を作る、それは古典的な自由主義の考え方だ。たしかにいい面もある。共和党はリンカーンが立ち上げた頃から、東部の資本家たちの党だった。彼らは南部のように黒人奴隷の労働力に頼らない近代的な産業と資本主義を築き始めていた。その「金持ちの余裕」で、南部の奴隷を解放しようとした。

だが、少数の金持ちが政治を動かすというのは、言い方を変えれば金権政治でしかない。

今、アメリカの金権政治は野放しだ。かつては献金にも法律で定められた限度額があった。だが、10年に上限なしの献金が合憲とされてから、スーパーPACが乱立し、大金持ちが大手を振って自分に忠実な政治家を金で操れるようになった。

大富豪や大企業の寄付は圧倒的に共和党に集中する。共和党は規制緩和、自由市場、自由貿易、民営化、富裕層への減税など、大富豪や大企業の利益になる政策を取っているからだ。

そんな共和党のメガドナー（超大口寄付者）のなかでも最もビッグなのがシェルドン・アデルソン。世界で13番目の大富豪だ。

大統領選に100億円以上をぶち込むラスベガスのカジノ王

アデルソンは1933年、ボストンのユダヤ人の家に生まれた。父はタクシー運転手だったが貧しかったので、アデルソンは少年時代から金儲けに邁進《まいしん》した。12歳の時に叔父さんから200ドルを借りて新聞スタンドを始め、16歳でキャンディの自動販売機を買って商売した。その後は、自動車の窓の霜取りスプレーの販売や観光ツアー会社などを転々とし、何度も破産して、コンピュータの展示会の主催者として成功をつかむ。裸一貫から教育も受けずに成り上がった、いかにもアメリカ人の好きそうな自助努力の人、セルフ・メイド・マンだ。

左翼系雑誌「マザー・ジョーンズ」の特集。「アデルソンはすべてを賭ける」

1988年には、ラスベガスのカジノ

経営に進出。99年に水の都ヴェニスを再現したホテル「ザ・ヴェネチアン」を建設して大成功した。アデルソンは、海外にその勢力を広げた。イスラエル女性と再婚して熱心なシオニストになり、イスラエル最大の新聞「イスラエル・ハヨム」を買収し、ネタニエフ首相のタカ派政策をバックアップした。

06年にシンガポールにオープンした高層ビル三つの上に船が横たわるマリーナ・ベイ・サンズでは世界を驚かせた。現在はラスベガスを抜いて世界一のギャンブル都市になったマカオでも複数のカジノ・ホテルを所有している。

アデルソン自身もギャンブルが好きだ。大統領選というギャンブルが。アデルソンはロビー団体「全米シオニスト同盟」を結成し、親イスラエルの政治家に莫大な寄付をして、共和党の外交政策に強烈な影響力を与えてきた。

スーパーPACによって寄付額のリミットが外された12年の大統領選でアデルソンが賭けた馬はニュート・ギングリッチだった。90年代にさんざんクリントン大統領を苦しめた下院議長だ。ギングリッチはイスラエル擁護のために「パレスチナ人なんてものは存在しない。デッチ上げだ」などとムチャクチャなことまで言ってのけた。アデルソンはスーパーPAC「ウィニング・アワ・フューチャー」を通して、ギングリッチに寄付することにした。

だが、大統領候補の本命ミット・ロムニーは本人がヘッジファンド経営者の億万長者だった。ロムニーはウォール街からも莫大な寄付を集めて圧倒的な量のCMを放送し、各州の予備選でギングリッチを打ち負かした。

ギャンブルというのは熱くなると止められない。ギングリッチがいくら負けてもアデルソンは追加で寄付を続けた。同じくメガドナーでテキサスの投資王フレッド・ザイドマンなどアデルソンの友人は「ギングリッチにこれ以上つぎ込んでも無駄だ」と止めたが、結局、アデルソンは合計で9200万ドルもギングリッチに寄付して、まるで無駄に終わった（アメリカのテレビ局はどこも経営不振だが、4年に一回の大統領選のCM料で大儲けする）。

それでもとにかく共和党が政権を取りさえすればいいと思ったアデルソンは、本選で戦うロムニーに3000万ドルを寄付したが、ロムニーも結局、オバマにはかすりもしなかった。

ロムニーの敗北を決定づけたのは隠し撮りビデオだった。彼が金持ちの寄付者相手に「私は、ロクに税金も払っていない国民の47パーセントの低所得者など気にしません」と言う現場が密かに撮影され、公開された。あれは共和党の富豪たちの本音だった。

アデルソンは16年で83歳。世間の目に触れるときも、電動車いすに座ったままだ。それでもまだ自分の力で大統領を作り出す野望は捨てていない。15年9月、「ニューヨーク・マガジン」にこんな見出しが出た。

「シェルドン・アデルソンは大統領を金で買う準備万端」

アデルソンは今回の選挙でも1億ドルを超える資金を用意して共和党を勝たせようとしているという記事だった。予備選に出馬したジェブ・ブッシュ、マルコ・ルビオ、テッド・クルーズらはアデルソンに〝謁見《えっけん》〟して、自分がいかにアデルソンの要望を叶えるかを競い合った。同誌はそれを「アデルソン予備選」と揶揄している。

ところがアデルソンは誰も選ばなかった。共和党の候補者全員に数十万ドルずつ配っただけで沈黙した。トランプのせいだ。

金で買えないトランプ

トランプは父から借りたわずか1000万ドルほどの資金だけで予備選のトップを独走

し、他の候補たちをふるい落とし続けている。彼らに資金を提供した大富豪たちを失望させながら。

ルーフ・シングル（屋根葺き材）で財を成したダイアン・ヘンドリクスは、地元ウィスコンシン州の知事、スコット・ウォーカーのスーパーPACに500万ドルを寄付したが、ウォーカーはまったく支持率が伸びず、投票開始5ヵ月前の9月に早くも脱落。

アーカンソー州の養鶏王ロニー・キャメロンも、地元のマイク・ハッカビー候補に300万ドルを寄付したが、ハッカビーは予備選最初のアイオワでビリっけつになり、撤退。

全米最大のホームセンター・チェーン「ホーム・ディーポ」の創業社長ケン・ランゴーンは、ニュージャージー州知事クリス・クリスティに25万ドルを寄付したが、クリスティは予備選第2戦のニューハンプシャー州で得票率7%にとどまり、敗北宣言。

なかでもジェブ・ブッシュは、共和党エスタブリッシュメントとして財界に対するコネを駆使して候補者中最大の1億ドルを超える資金を集めたが、支持率が低迷したままニューハンプシャー州予備選の大敗を受けて戦線を離脱した。ジェブに4000万ドルもの寄付をしたミネソタのメディア王スタン・ハヴァードは取材に応えて「ドブに金を捨てたようなもんだ」と後悔している。みんなトランプに負けたのだ。

スーパーPACに集まった金は、主にテレビやラジオのCMに使われる。「候補者本人とは無関係にやっている後援会」という建て前だからだ。そのため、予備選がある州のテレビは朝から晩まで各候補者のCMとライバル候補を中傷するCMだらけになる。

トランプはそこにはお金を使わない。放っておいてもテレビやラジオは朝から晩までトランプのことを報道するからだ。ワイドショーもお笑い番組もトーク番組もトランプのことばかり。いくらCMを金で買っても勝てやしない。

トランプの快進撃を見て、アデルソンは静観を続けている。前回、ギングリッチに賭けて痛い目をみたこともある。

アデルソンはトランプにも一応会ったらしいが「トランプは中東問題についてわかってない」と判断した。アデルソンにとってはイスラエルの安全が第一なのだが、トランプは外国への干渉には消極的だ。そもそも、他人の金に頼らないトランプが大富豪の言いなりになるはずがない。

2月下旬に地元ネバダ州で予備選が行われたとき、3番手につけているマルコ・ルビオにアデルソンが軍資金を投入するだろうと言われた。実際、ルビオは2時間もアデルソンに、自分がいかに親イスラエルかを説明したと報じられた。それを知ったトランプは「ルビオは可愛い操り人形には完璧じゃないの？」と意地悪なツイートをした。

ネバダ州の討論会はアデルソンの所有するザ・ヴェネチアンで行われた。客席の前から4番目にアデルソンが座った。候補者たちはステージ上から見えるアデルソンにアピールしようと必死だっただろう。だが結局、アデルソンは誰にも献金しなかった。トランプはネバダ州の予備選でも圧勝した。

共和党を再建しようとするハゲタカ長者

「共和党はマルコ・ルビオに賭けるべきだ」と叫び続けていた億万長者がいる。彼の名はポール・シンガー。禿げた頭、白いヒゲに丸メガネのシンガーは学者風だが、ハゲタカ・ファンドの大物だ。

シンガーが経営するエリオット・マネジメント社は、死肉を食らうハゲタカのように、負債を抱えて死にかけた会社を安く買収し、負債を整理して会社を再建し、評価額を上げて売却する。これで成功したシンガーは、会社どころか国家まで照準に入れた。

01年にデフォルトしたアルゼンチンの国債を元本以下の値段で買い集め、アルゼンチンに対して24億ドルの債務支払いを求めたのだ。その額はシンガーが国債を買った値段の10〜15倍と言われる。アルゼンチン側は「まさにハゲタカだ！」と怒ったが、結局、債務の75％に値切りして支払うしかなかった。

そんなシンガーが共和党に莫大な献金を続けている。ただ金を入れるだけじゃない。ハゲタカ・ファンドと同じ方法で、経営に口を出し、負債を整理して、建て直そうとしているのだ。

シンガーは世代的には60年代のカウンター・カルチャーを学生時代に経験したベビーブーマーで、ロック好きとしても知られている。だから、保守のドグマに縛られていない。自らもウォール街のトレーダーでありながら、経済の自由放任に対して08年の金融危機以前から警告していた。

ユダヤ系だが、アデルソンのような頑《かたく》なな民族主義者ではなく、世界平和を推進し、アメリカの世界における指導力を復活させたいというネオコン的な考えだ。また、不法移民がアメリカの市民権を取得できるように移民法を改正することにも賛成している。さらに、同性愛の権利を守る団体ヒューマン・ライツ・キャンペーンを支援している。

シンガーは、共和党が今のまま、白人が9割で、キリスト教保守で、同性愛に反対で、移民排斥で、金融業界を野放しにする党では生き残れないと考えている。だから、キューバ系二世のマルコ・ルビオを大統領に推薦し、多額の寄付を続けてきた。テッド・クルーズ候補もキューバ移民だが、あまりに原理主義的なキリスト教福音派で、移民にも厳しすぎる政策なので、予備選には勝てても、本選で勝てるはずがない。

シンガーはルビオに共和党の未来を託したが、それをトランプは台無しにした。「不法移民1100万人を国外に叩き出せ！」と叫んで共和党支持者の人気をかっさらい、共和党が頑迷な白人の党である事実を白日の下にさらした。世界のリーダーどころか、日本や韓国の防衛からも手を引こうという孤立主義で内側にこもろうとして、これまた自分の生活が大事な有権者から喝采された。彼らにとって党の未来なんかどうでもいいことだ。

マルコ・ルビオもシンガーの期待に応えられなかった。ディベートでは同じ言葉を何度も繰り返し、トランプから「ロボット・ルビオ」「リトル（ちび）マルコ」などと、さんざんからかわれた挙げ句、3月15日、地元であるフロリダの予備選でわずか27％の票しか取れず、46％の票を集めたトランプに惨敗。予備選から降りた。

トランプは翌週のアリゾナ州予備選の演説で「〝共和党の未来〟とやらが終わったよ！」と嘲笑った。

ネヴァー・トランプ!

では、ポール・シンガーはどうするのか?

彼は「ネヴァー・トランプ」に参加している。誰が共和党の候補になってもいいが、とにかくトランプの指名だけは阻止しようという運動だ。

まずシンガーは「アワ・プリンシプル(我らの基本原則)」というスーパーPACに1000万ドルを寄付した。このスーパーPACは特定の候補者の後援会ではなく、アンチ・トランプだけを目的にしている。

アリゾナとユタの予備選に際し、週に1100万ドル以上使ってトランプの女性差別発言をまとめたCMをヘビーローテーションで流し、女性票を削ろうとした。このCMにどの程度の効果があったのかはわからない。ユタ州はテッド・クルーズが制したが、トランプの快進撃には焼け石に水だ。

だが、これは奇妙なことだ。多くの共和党員たちが多数決で選ぶ候補者を、ごく少数の金持ちたちが潰そうとしている。いったい誰のための党なのか? 大富豪たちがトランプの邪魔をすればするほど、有権者たちは彼らを憎み、トランプを支持するだろう。こんな状況だから、今回の選挙に9億ドルを投じると事前に宣言していたティーパーティの黒幕、コーク兄弟も身動きが取れない。

共和党は、エスタブリッシュメント、つまり東部の資本家の金と、サイレント・マジョリティ、つまり南部と中西部の白人労働者の票という対立する二つのグループの奇妙な連合に支えられてきた。でも、亀裂は何度も生じてきた。

まず1964年、石油王ジョン・ロックフェラーの孫ネルソン・ロックフェラーが大統領予備選に出馬した。当時、南部では人種隔離撤廃と黒人の参政権を求める公民権運動がピークを迎え、ロックフェラーはそれに肯定的な立場だった。しかし、ライバルのアリゾナ州上院議員バリー・ゴールドウォーターは公民権に反対し、穏健派のロックフェラーを「生ぬるい東部の金持ち」と攻撃し、黒人の平等に反発する白人ブルーカラーの票を集めて予備選に勝った。トランプはそれとほとんど同じことをしている。

しかし、トランプ自身も東部の富豪、エスタブリッシュメントだ。そこには、アメリカ人独特の経済的勝者の崇拝と敗者の軽蔑という問題があるのだが、詳しくは後ほど。

共和党は死んだ

2016年5月

5月3日、共和党大統領候補の指名をドナルド・トランプと争っていたテッド・クルーズが選挙活動の停止を宣言した。これで、16人の候補すべてが予備選から脱落し、トランプが勝ち残った。

アウトサイダーであるトランプに対して、共和党は全党を挙げて戦った。スポンサーである大富豪や大企業、FOXニュースなどの右翼メディアもトランプ降ろしに協力した。

だが、支持者たちはトランプにさらわれた。

「共和党は死んだ」

「共和党は終わった」

そんな見出しがいくつかの新聞を飾った。「ニューヨーク・デイリー・ニューズ」紙は、共和党のシンボルである象が棺桶に納められる絵を載せた。なぜ、死んだのか。死因を探ってみよう。

大統領の器がいない

まず、人材がいない。トランプに敗退した16人は、共和党内で最もElectable（大統領選に勝てそうな）16人、つまり将来共和党を背負って立つエース16だった。それが全員惨敗したのだ。スポーツや軍隊に置き換えて考えると、相当まずい。

みんな、トランプに比べてあまりにあまりに人気がなかった。半数の候補が、世論調査の支持率が2桁にも達しなかった。

ディベートでも弱かった。テレビ討論

METRO FINAL
DAILY NEWS
NEW YORK'S HOMETOWN NEWSPAPER
REPUBLICAN PARTY 1854 - 2016
Dearly beloved, we are gathered here today to mourn the GOP, a once-great political party, killed by epidemic of Trump
CRUZ BOWS OUT, MAKING DONALD PRESUMPTIVE NOMINEE —PAGES 10-11

共和党1854-2016の文字と共にシンボルの象が棺桶に

会では常にトランプにおちょくられ、顔を真っ赤にして反論し、また言い負かされた。

彼らが弱かった理由のひとつは、共和党内の馴れ合い体質だ。ロナルド・レーガンは「共和党の11戒目」と呼んで「同じ共和党同士では決して攻撃しない」というマナーを提唱した。それに従い、共和党は強固なチームワークで議会を支配し、クリントンやオバマ政権の足を引っ張った。

だが、党内では馴れ合いになっていた。トランプは羊の群れに紛れ込んだオオカミのように他の候補を毒舌でつぶしまくった。

まあ、トランプは実のところ、強敵がいないとみて共和党からの出馬を決めたのだろう。彼は過去にも、1998年に第三党の改革党から、2012年には共和党から大統領選出馬を噂されたが、土壇場でとりやめた。今回こそ、勝機ありと思ったのだ。

共和党は「ネバー・トランプ」のスローガンの下に、トランプ打倒キャンペーンを展開した。新聞、雑誌、テレビで、さまざまな共和党の論客が「トランプは共和党でも保守でもないからだまされるな」とか「トランプは共和党ではなくトランプ党で、保守主義者ではなくトランプ主義者なのだ」と有権者を説得しようとした。共和党の御用テレビといわれるFOXニュース・チャンネルは社を挙げてトランプを叩き続けた。

莫大な選挙資金を寄付して共和党を好きなように操ってきた億万長者たちもパニックに陥った。ついには後援する候補者なしの反トランプだけが目的のスーパーPACを作って、トランプの女性差別発言を集めたネバー・トランプCMまで放送した。だが、トランプは予備選で勝ち続けた。代わりに投票すべき候補がいないのだから。

有権者は共和党よりもトランプを取った

共和党が「トランプは保守ではない」「トランプは共和党ではない」と批判し続けた。だが、それは有権者にとって意味がなかった。むしろ、トランプが共和党を批判すればするほど、彼らはトランプを支持した。

トランプは小学生並みの悪口の名人だった。ジェブ・ブッシュは「ロウ・エナジー（しおしお）」、マルコ・ルビオは「リトル（ちび）・マルコ」、リンゼイ・グラハムは「モロン（愚鈍）」、テッド・クルーズは「ライイン（うそつき）・テッド」。トランプはこれを繰り返し言い続け、彼らのあだ名として世間に定着させた。

ディベートではカーリー・フィオリーナの顔を指さして「あれが大統領の顔か？」と嘲

り笑った。女性の容姿をけなすのはアメリカではタブーだと言ったのは誰だろう。トランプの支持率は上がる一方だった。

トランプは他の共和党主流派にも罵倒をまき散らした。ベトナム戦争に従軍して撃墜され、捕虜として6年間も拷問された「英雄」ジョン・マケイン上院議員には「捕虜になる奴は英雄なんかじゃない」、12年の大統領候補ミット・ロムニーには「オバマにボロ負けで弱すぎる」。ブッシュは「国民を騙してイラク戦争に引きずり込んだ」

そして、共和党全体を「エスタブリッシュメント（主流派・既得権者・支配階級）」と呼んだ。また、「彼らはポリティシャンだ」と言うことも多かった。「政治家」というより「政治屋」というニュアンスで。「エリートたち」とも呼んだ。そうして、政党政治の外から来た自分こそ腐敗していない改革者なのだと印象づけた。

トランプはまるで企業の株を買い占めて敵対的買収をするように、有権者を奪って共和党を乗っ取った。これもまた、共和党の死を意味している。党を否定した者を有権者が選んだのだから。

共和党の執行部は何が何でもトランプを阻止しようとした。トランプの予備選での得票率が過半数に達しなければ、7月の党大会までに新しい候補を立てて決選投票をし、その候補を指名しようと画策した。しかし、調査によれば、有権者の7割が、予備選に参加していない者を指名するのは不正だと答えた。それをやったら共和党は完璧に党員の信頼を失う。

1968年に民主党はそれをやった。シカゴ党大会で、予備選に参加していなかったヒューバート・ハンフリー副大統領を指名したのだ。裏切られた党員は大暴動を起こし、党はほとんど解体した。

だが、今回の場合、共和党にはトランプの代わりになる者がもう残っていなかった。唯一、予備選から距離を置いていたポール・ライアン下院議長が出馬をオファーされたが「準備ができていない」と怖気《おじけ》づいて辞退した。

もうトランプの指名を阻むものはない。

共和党の政治綱領は否定された

共和党という巨象を一人で倒したトランプは、次なるヒラリーとの本選を戦うため、自分の下に共和党が団結するよう呼び掛けている。まるで、戦国時代を勝ち抜いて天下を取った武将が諸侯に恭順を誓わせるようなものだ。

これについて、現在、共和党は真っ二つに割れている。「ヒラリーのほうがマシだ」と言ったロムニーはトランプ不支持を表明。イラク戦争の元凶と呼ばれたブッシュ一家も同じ。トランプに口汚く罵倒された候補者たちも、彼に従いたくはないだろう。マケイン上院議員は、トランプが彼の捕虜体験を愚弄したことは許さないものの、共和党解体を防ぐために党員は恨みを越えてトランプを支持すべきだと呼びかけた。ミッチ・マコネル上院院内総務も同じ考えを示した。ポール・ライアンもトランプの軍門に下った。

だが、それで党の名前が残ったとしても、よしんばトランプが大統領選に勝ったとしても、共和党は生き延びたとは言えない。なぜなら、トランプの政策は、共和党の政治綱領に大きく反しているからだ。

アメリカでは4年に一度の大統領選挙の際に開かれる党大会で党のプラットフォーム（政策綱領）が決められている。共和党の場合、ここ数年はいつも同じ内容で、「小さな政府」を中心に、福祉削減、富裕層の減税、軍事力による覇権の維持、自由貿易、市場の放任、規制緩和、地球温暖化の否定、国民皆保険反対、不法移民排斥、銃の所持の自由、人工中絶反対、キリスト教尊重……。この綱領に、共和党の政治家たちは常に忠実だ。

共和党は党議拘束がきつい。だからこそ、挙党一致でオバマ大統領の法案に反対票を投じて改革を妨害してきたが、あまりに統一されているので、予備選の討論会では、どの候補の政策も判で押したように同じだった。まったく個性がなかった。それがトランプにかなわなかった理由でもある。

トランプの政策は独特だ。移民取り締まりと銃の所持の自由については、他の候補よりも過激に主張した。トランプ自身は熱心なキリスト教徒ではないが、福音派の指導者ジェリー・ファルウェルJr.に、キリスト教の価値観を守ると約束した。

だが、それ以外の経済政策では共和党の政綱に真っ向から逆らった。

まず、いわゆるオバマケア、オバマ大統領が実現した国民皆保険制度を、共和党は撤廃することを党是としているが、トランプは「もっと自由で安い国民皆保険制度にする」と提言した。これはトランプのほうが現実的だ。オバマケアのおかげでやっと保険に入れた貧困層から再び保険を取り上げたら、共和党は二度と政権を取れないだろう。

次にメディケア（高齢者向け医療補助）とソーシャル・セキュリティ（社会保障、いわゆる年金制度）。共和党はこれを連邦政府が税金で運営するのではなく、民営化しようとしている。それは国家の義務である国民の福祉の放棄だ。トランプは、この二つについては「手をつけない」と明言した。一般の庶民が必要としているからだ。

共和党支持者たちは目覚めてしまった

まだある。トランプはウォール街にも規制が必要だと言っているし、自由貿易にも反対している。特に、カナダとメキシコとの自由貿易圏を作ったNAFTA（北米自由貿易協定）を激しく攻撃している。

「NAFTAのせいでアメリカの仕事は奪われた。カナダとメキシコから入る安い商品がアメリカの工場をつぶし、フォードやGMやナビスコまで、人件費の安いカナダやメキシコに工場を移してしまった。今度はナビスコがメキシコに工場を建てるんだと。もうオレオ・ビスケットなんか食べない！」

NAFTAに調印したのはクリントンだが、実際に協定締結のリーダーシップを取ったのは父ブッシュ大統領だった。また、子ブッシュが中国のWTO入りを許したため、01年から中国製品が大量にアメリカに流入し、アメリカの製造業に壊滅的な被害を与えた。

「中国は強盗だ」

トランプは叫ぶ。

「アメリカに仕事を取り戻すために、日本車の関税を2・5％から38％に引き上げる！

メキシコに工場を移した企業からもペナルティを取る！」

トランプの発言に対してジェブ・ブッシュは「それは保護貿易だ！」と批判した。保護貿易は従来、労働組合を票田とする民主党的な政策だ。

「トランプは自由貿易という共和党の綱領に反している」

アリゾナの支持者集会でトランプはたった一言でジェブに反論した。

「知ったことか！」

聴衆は拍手喝采した。自由貿易を求めているのは企業経営者であって、労働者には何もいいことがないからだ。中国や日本製品への課税は、大統領選挙の大きな武器だ。工場、製造業で日本や中国との競争で苦しんでいるオハイオとペンシルベニアという二つの接戦州で勝てるからだ。

共和党の政治家は、銃所持の権利やキリスト教の価値観を守ることを約束して、白人のブルーカラーの票を集めるが、当選すると、富裕層減税や自由貿易拡大、規制緩和などの、大富豪や大企業の利益になる政治ばかりする。選挙資金を出してくれるお得意様だから。

ブルーカラーは共和党の政策でどんどん生活が苦しくなったが、それでも、共和党に投票し続けた。減少する一方の白人とキリスト教徒と銃を持つ自由を守ってくれると約束してくれたからだ。だが、人工中絶は一向に禁止されないし、同性婚は憲法で認められてしまう。共和党は何も約束を守ってくれない。彼らの忍耐は限界に達していた。

トランプは彼らのニーズに応えた。トランプはエスタブリッシュメントこそが敵なのだとブルーカラーの人々を目覚めさせた。今後、共和党は従来の金持ち優遇の経済政策を続けるのは難しくなるだろう。

外交や国防についても違う。ニクソン以降の共和党は「世界の警察」として外国に積極的に軍事介入してきたが、トランプは日本や韓国やNATOを守ってやる必要はないという。日本に対して貿易赤字があるのに、なぜアメリカの税金で日本を守ってやるのだ？と。それは南部や中西部に住む庶民の感覚に近い。彼らは軍隊に入らない限り、一生外国に行くことはない。なにしろパスポートの所有率が20％しかないのだ。国際安全保障の必要性など感覚的に理解できない。

ただ、こうしたトランプの政策はあくまで白人ブルーカラーに迎合しているだけで、トランプ自身は何も真剣に信じていない。だから、政策どうしが互いに矛盾したり、一貫性がないし、その場その場でコロコロ変わる。たとえば、最低賃金を上げる必要はないと言ったり、今のままの賃金では暮らせないだろうと言ったり。富裕層への課税も、上げると言ったり下げると言ったり。医療保険にしても、オバマケアを撤廃すると言ったり、国民皆保険は必要だと言ったり。政策を平気で変えるということは、当選した後で公約を守る保証もない。

これぞまさにポピュリズム。だが、ポピュリズムが登場するのはいつだって、政治家が民衆をないがしろにした時なのだ。

200年前にドナルド・トランプはいた

2016年5月

「たとえニューヨークの五番街のど真ん中で誰かを射殺したって、私は支持者を失わないね」

1月23日、アイオワ予備選の支持者集会でドナルド・トランプは自信たっぷりに言った。それほど自分の支持者は忠実だということだが、実際に人を射殺したにもかかわらず、国民の支持を集め続けた大統領がいる。

20ドル札に印刷されている、第7代大統領アンドリュー・ジャクソンだ。

1806年、ジャクソンは自分の妻を侮辱した弁護士に拳銃での決闘を申し込んだ。ジャクソンの妻は、前夫と正式に離婚する前から彼と同居していたので重婚であると中傷にさらされた。決闘は単発式の銃で撃ちあう形式。ジャクソンは先に胸に銃弾を受けながら、相手を撃ち殺した。その後、ジャクソンは圧倒的な人気で大統領に当選した。

ドナルド・トランプが支持されている状況はポピュリズムだと言われてきた。アメリカの歴史を振り返ると、トランプのようなポピュリズムで権力の座を目指した例は珍しくない。アンドリュー・ジャクソン、ヒューイ・ロング、ジョセフ・マッカーシー、ジョージ・ウォレス……。彼らを見れば、トランプも、今までも何度となく登場してきたポピュリストの一人にすぎないとわかる。

特に、最も古く、最も成功したポピュリスト、第7代大統領アンドリュー・ジャクソンはトランプの原型と言っていい。

無学を売りにしたアンドリュー・ジャクソン

ジャクソン以前の大統領は皆、WASP（ホワイト・アングロサクソン・プロテスタント）の裕福なジェントルマン（地主）で、一流の大学を卒業したエリートだった。ジャクソンは、スコッチ・アイリッシュ（アイルランドに入植したスコットランド人）の移民の息子で、貧しさゆえに正規の教育を受けられなかったが、働きながら努力して弁護士にな

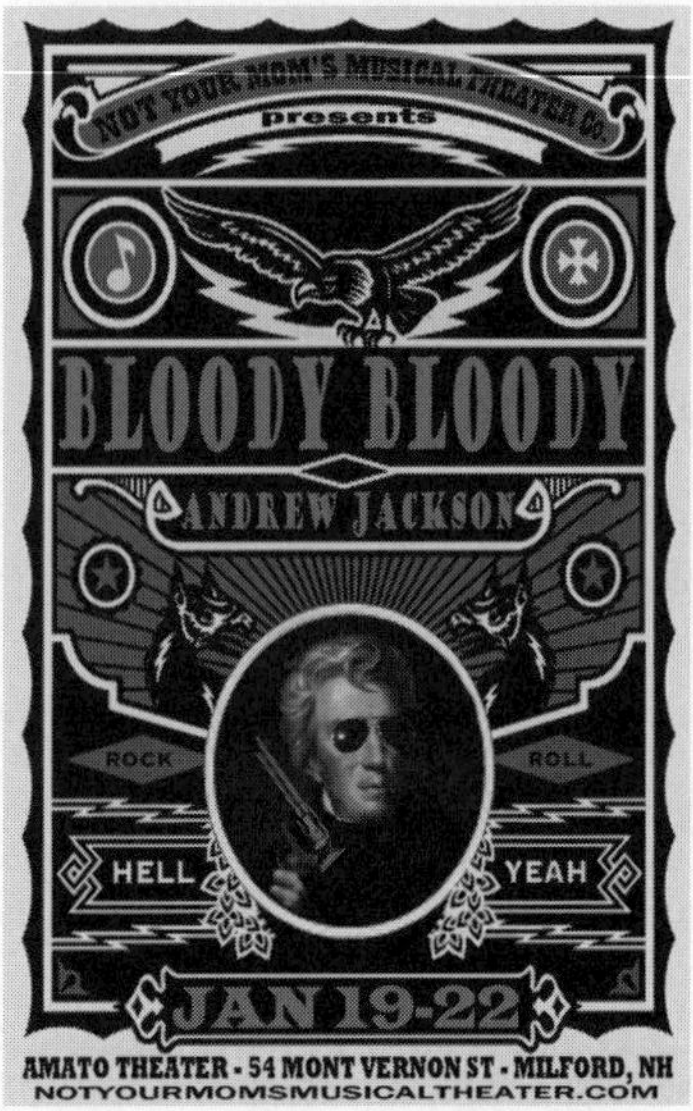

ロックミュージカル「血みどろアンドリュー・ジャクソン」のポスター

り、弁護士の不足していた西部の開拓地で紛争解決のために働き、政界に乗り出していった。

1812年から始まった英米戦争では、ジャクソンは指揮官としてニューオリンズに進駐した英国軍に奇襲をかけて勝利し、「軍神」と讃えられた。国民の圧倒的人気を受けて大統領に立候補し、1828年に当選、2期を務めた。

アンドリュー・ジャクソンは生涯を通じて、東部のエリートたちと戦い続けた。当時、アメリカを訪れたフランスの外交官アレクシ・ド・トクヴィルは『アメリカのデモクラシー』にこう書いている。

「ジャクソン将軍は、性格こそ激しいが能力は凡庸《ぼんよう》な男である。自由な人民の統治に要する資質を示すものは、彼の経歴を通じて何一つなかった。だからこそ、連邦の知識階級の

多数はつねに彼に敵対した」（岩波文庫版　松本礼二・訳）

歴史家のリチャード・ホーフスタッターは『アメリカの反知性主義』（1963年）で、「アメリカの政治で、真に強力で大がかりな反知性主義への最初の衝動となったのは、ジャクソン派の選挙運動であった」（みすず書房　田村哲夫・訳）と書いている。

ジャクソンに「学」がないのは誰でも知っていた。「OK」という言葉はジャクソンがAll Correct（すべて正しい）の頭文字を間違えたのが始まりという伝説がある。これは、貧しく育ったジャクソンが高い教育を受けられなかったことをからかっている。彼と大統領選を争ったジョン・クインシー・アダムズはジャクソンをジャッカス（ロバ。間抜けという意味）と呼んだ。ジャクソンはそれを逆手にとって、ロバを自分のシンボルに使った。この選挙時にジャクソンが民主党を結成したので、民主党のシンボルはロバになった。

ジャクソンは「本もろくに読めない」と言われた無学を売りにした。なぜなら、その頃、アメリカでは選挙権が白人の成人男子すべてに拡大されたからだ。

コモン・マン（普通の男）対エスタブリッシュメント（既得権者）

建国以来、アメリカで選挙権を持っていたのは大土地所有者だけで、それは人口の1割にも満たなかった。東部の少数のエリートが政治を独占していた。しかし、辺境の貧しい開拓者たちから選挙権拡大を求める声が大きくなり、ついにそれが実現した。

ジャクソン陣営は東部の資本家や政治家たちを特権階級として激しく攻撃した。トランプが共和党主流派をエスタブリッシュメント（既得権者）と呼んで庶民の怒りを向けさせたように。ジャクソンの政敵アダムズは、第2代大統領ジョン・アダムズの息子なので「貴族的だ」と非難した。ジェブ・ブッシュやヒラリー・クリントンが「アメリカのロイヤル・ファミリー」と呼ばれて叩かれたように。貴族的とかロイヤルという言葉は、イギリスの貴族社会に反乱を起こした農民の国であるアメリカにとって悪である。そう言われてもアダムズは貴族的な言葉遣いや態度を崩さなかったが、ジャクソンはトランプと同じように野卑で乱暴な、誰にでもわかる言葉で話した。新たに有権者になった庶民たちはジャクソンを「コモン・マン（普通の男）」と呼んで、自分たちを重ねた。ジャクソンはアダムズに圧倒的な得票率で勝利した。

ジャクソンが戦った既得権者は、旧宗主国である英国と東部のエリートだけではなかった。アメリカ本来の地主、先住民である。当時はまだ先住民が多くの土地を占有していたが、ジャクソンは軍を率いて武力で先住民を追い出し、土地を強奪していった。1813年、陸軍将軍になったジャクソンは、先住民クリーク族の土地（現在のアラバマとジョージアの南部）を侵略し、女性と子供を含むクリーク族800人ほどを虐殺した。続けてジャクソンはスペイン領だったフロリダに侵攻した。先住民セミノール族はゲリラ戦で抵抗したが、ジャクソンはやはり非戦闘員を殲滅する焦土作戦で、最終的にフロリダを強奪してしまった。

スペイン領だったフロリダはアメリカ南部からの黒人奴隷たちの逃げ場でもあった。ジャクソンは見つけ出した250人の逃亡奴隷を砦に押し込めて火薬で爆殺した。やはり女性と子供が含まれていた。

南部の先住民、チェロキー族は生き残るためにジャクソンと合衆国に従い、協力し続けた。英語を習い、洋服を着て、キリスト教に改宗し、アメリカ市民として生きようとした。しかし、大統領になったジャクソンは、1838年、チェロキー族の土地を白人のものにするため、彼らをすべて合衆国の西の果ての荒野（現在のオクラホマ）に強制移住させた。移住の過程で数千人が死に、オクラホマについてからも過酷な環境のために死に続けた。

血みどろジャクソン

ジャクソンと白人たちは、先住民から奪った土地で綿花農園を始め、黒人奴隷たちを酷使した。ジャクソン自身は最大で300人の奴隷を所有していた。脱走した奴隷にジャクソンは鞭打ち百回の罰を与えた。たいていはそれで死んだ。

ジャクソンが行った非エリート白人の利益に特化した政治は、「ジャクソニアン民主主義」と呼ばれる。米墨戦争を起こしてアリゾナやカリフォルニアなどをメキシコから強奪したポーク大統領もジャクソニアンの民主党員である。ジャクソニアンの民主党は南部の奴隷制による綿花産業を支えたが、これに反対してリンカーンが立ち上げたのが現在の共和党だ。奴隷制廃止を掲げた共和党は資本家に支えられて北部の州で圧倒的優勢となり、ジャクソニアン民主党が支配する南部と対立、それが南北戦争に発展した。

トランプはメキシコ移民を「強姦魔」「麻薬の売人」と決めつけ、１１００万人の不法移民を国外退去させ、アリゾナやテキサスなどとメキシコとの国境に壁を築くと公約している。しかし、それらの州はもともとメキシコだったのをアメリカが奪い取ったわけで、メキシコ系の人々はそこの先住民である。トランプは現代のジャクソニアンなのだ。

ジャクソンは長い間、南部の白人から愛されてきたが、先住民や黒人からは「血みどろジャクソン」と呼ばれて憎まれ続けた。ジャクソンの肖像が刷られた20ドル紙幣は、南部連合旗と同じく、レイシズムの遺物だった。だが、やっと２０１６年４月20日、財務長官ジェイコブ・ルウが20ドル紙幣のデザインを変えると発表した。新紙幣に刷られるのは、南部の黒人奴隷を北部に逃がし続けた黒人女性ハリエット・タブマンになる。これについても共和党保守派は「黒人に迎合している」と猛反対している。

ちなみにトランプも、ジャクソンと同じように、自分を批判した者に決闘状（のようなもの）を送り付けている。11年、紙面でトランプの経営を批判した「ニューヨーク・タイムズ」紙の女性記者ゲイル・コリンズにトランプから封書が届いた。中には彼女の顔写真を載せた新聞の切り抜きが入っていて、トランプが赤ペンで「ブスの顔」と落書きしていた……それが大の大人のすることか！

トランプを作った父、ブキャナン、プロレス

2016年6月

筆者は白人至上主義団体KKKの集会に参加したことがある。KKK発祥の地であるテネシー州プラスキという町で、毎年行われているKKK生誕祭だ。リーダーであるトーマス・ロブ師は演説で移民排斥を訴えたが、40人ほどの参加者は時たま拍手するだけで、静かに聴いていた。ロブ師ももともと牧師なので差別的な言葉などは使わず、紳士的だった。

トランプに比べると。

アイオワ、アリゾナ、サンノゼとトランプの集会に参加してきたが、1時間ほどのスピーチでトランプは最初から最後まで怒鳴り続けた。他の候補者や共和党の主流派、それにメキシコ移民やイスラム教徒への憎しみをまき散らす。ステューピッド、モロン、イ

ディオット（どれも馬鹿という意味）、ライアー（嘘つき）など、政治家の演説ではめったに聞かれない強烈な言葉が次々と炸裂する。ヒットラーより下品だ。時おり、紛れ込んだ反トランプ派が「レイシスト！」と野次を飛ばすと、トランプは「そいつを叩き出せ！」「顔面をぶん殴ってやりたい」「そいつを殴って逮捕されたら弁護士料を払うぞ」などと煽るので、各地でトランプ信者が反トランプ派を殴りつけた。

レッスルマニアの「大富豪の対決」。敗者が坊主になる「髪の毛決戦」を演出

だが、かつて、いや数年前まで、トランプはそんな粗野な人間ではなかったのだ。

トランプは2004年から放送されたNBCテレビの『アプレンティス』で国民的な人気を集めた。トランプの弟子（アプレンティス）を志願する14人の若きビジネスマンが、毎週トランプからの課題（たとえば同じレモネードをいかに高く沢山売るか）を競いあう勝ち抜きゲーム番組で、毎回、番組の最後に、最も成績の悪かった者が排除される。その時トランプが言う「ユー・アー・ファイヤード（君はクビだ）！」は流行語になった。

しかし、今、第1回目の放送を観直してみると、トランプはまるで別人のようだ。独特の手のジェスチャーはこの頃から同じだが、決して声を荒らげず、ゆっくり静かに話す。

「あなたは賢明な女性だ。だが、今回は売り上げが最下位になってしまった。ビジネスとは冷酷なものだ。君はクビだ。ありがとう。家に帰りたまえ」

言葉遣いも上品で、貴族的な冷酷さがある。

こんな話もある。末期がんの子供の夢をかなえる慈善団体が、当時、『アプレンティス』ファンの11歳の少年の「トランプに『君はクビだ！』と言われたい」という願いを実現させようとした。どうかしている願いだとも思うが、少年は病院でスーツにネクタイでトランプを迎えた。だが、トランプは余命いくばくもない少年に「クビだ！」とは言えず、「人生を楽しみなさい」とだけ優しく言って抱きしめたという。

トランプはつい数年前まで今のようにKKKに推薦されるようなキャラクターではなかったのだ。では、いったい何が今のトランプを作ったのだろうか。彼の生い立ちをたどってみよう。

ウディ・ガスリー対トランプの父

先住民以外のアメリカ人がすべてそうであるように、移民を攻撃し続けているドナルド・トランプも移民の子孫だった。

祖父フレデリックは、1885年、16歳の頃に単身ドイツからアメリカに渡った移民だった。無一文だったフレデリック少年は、理髪店で働き、こつこつ貯金して、ゴールド・ラッシュで沸くシアトルに行って、金鉱採掘者のためのレストランを開業、それをホテルに拡張した。ホテルでは男ばかりの採掘者のために売春も提供した。その金を元手にフレデリックはニューヨークに戻って、ウォール街で理髪店を開業したが、47歳でインフルエンザのために亡くなった。

その時、ドナルド・トランプの父フレッドはまだ13歳だった。家計を助けるため、学校が終わると、馬車の手伝いをして働いた。その馬車は建設用の材木を運んでいた。フレッドは働きながら建設について学び、わずか15歳で工務店を立ち上げた。もちろん未成年なので社長は母親だった。まずフレッドは母から800ドル借りて自力で家を建て、それを

10倍以上の7000ドルで売却。それを繰り返して事業を拡大していった。

フレッドのビジネス・チャンスは1929年の大恐慌によって訪れた。株式バブルが崩壊して、失業者があふれたので、フランクリン・ローズヴェルト大統領はニューディール政策を打ち出した。ニューディールとはポーカーなどのギャンブルでディーラーが札をいったん集めて配り直すことで、広がり過ぎた貧富の格差を是正するための仕切り直しというニュアンスがある。具体的には富裕層に増税し、その金で道路や橋や住宅などを建設する公共事業をすることで、労働者に仕事を与えて富を再分配する。これはその後も民主党の基本的ポリシーとなる。

このニューディール政策の一環で、ニューヨークの下町であるクイーンズやブルックリンに移民労働者向け集合住宅を建設する事業を、フレッドは請け負って大儲けした。1936年にフレッドはスコットランドから旅行中の女性メリー・アン・マクロードと出会って結婚、5児をもうける。ドナルドは次男だ。

第二次世界大戦が始まるとフレッドは、海軍の兵舎の建設を受注する。今度も公共事業だ。トランプが共和党のポリシーに反して、公共事業を提唱しているのは、それによって父が不動産開発業者として成功できたからではないか。

戦後もトランプはクイーンズとブルックリンに中・低所得者向けアパートを建て続け、その大家として収入を得た。ボブ・ディランの先駆者、プロテスト・フォーク・シンガーのウディ・ガスリーも1950年に、トランプが所有するブルックリンのアパート「ビーチ・ヘブン」を賃借していた。そして「俺の家じゃないぜ、トランプおじさん」という歌を作った。「ビーチ・ヘブンは白人だけのヘブン（天国）」という歌詞で、トランプが黒人の入居希望者を拒否していたことに抗議している。

1968年、22歳のドナルド・トランプは名門ビジネス・スクールのウォートンを出て、父の事業に加わったが、フレッドは73年にも黒人入居者を拒否していると司法省から訴えられている。「ビジネスに必要なことはすべて父から学んだ」トランプは繰り返しそう言っているが、人種差別的な視点はどうだったのか。

80年代レーガノミクスの申し子トランプ

ケインズ的な経済政策に支えられた、いわゆる「ニューディール体制」は、労働者たちの圧倒的な支持を受け、1960年代まで続いた。60年代、リンドン・ジョンソン大統領は「グレート・ソサエティ（偉大なる社会）」という言葉を掲げ、さらなる「貧困の根絶」を目指し、さらに貧困層向け公営住宅を建設していった。

ところが60年代後半から、アメリカ経済は失速していった。原因は、民主党の票田である労働組合に迎合しすぎて、賃金と工業生産力のバランスが悪くなり、敗戦から復興した日本やドイツなどの工業製品に市場競争で勝てなくなってきたこと、それにベトナム戦争などいろいろある。

そして70年代にアメリカ経済は停滞し始める。当時の不景気ぶりは、ロケ撮影されたアメリカ映画を見るとよく分かる。特にニューヨークの街は、ゴミと廃墟とホームレスとジャンキーと売春婦だらけでひどい有り様だ。

こうした行き詰まりに対して出てきたのが共和党のロナルド・レーガンだ。1980年の大統領選挙で当選したレーガンはニューディール的な福祉政策を「大きな政府」と呼んで否定して、富裕層の税金を安くして、公共事業を民営化する、つまり「小さな政府」を提唱して、自由市場の競争を活性化しようとした。これがいわゆるネオリベラリズム（新自由主義）で、以降、共和党の基本的なポリシーになる。

ニューディールは大恐慌を起こした金融業界を規制していたが、レーガン政権は規制を撤廃していった。企業の買収や合併がしやすくなり、様々な金融商品が売り出され、株投資ブームが起こった。当時のムードは映画『ウォール街』（87年）と『アメリカン・サイコ』（00年）を観るとよくわかる。特に『アメリカン・サイコ』の証券マンたちはドナルド・トランプに憧れている。トランプは80年代のバブル時代を象徴するビジネス・ヒーローだったのだ。

若い頃に貧乏で苦労したフレッド・トランプは、億万長者になった後も釘一本でも落ちていたら拾って使うような堅実な男で、下町クイーンズとブルックリンから出ようとしなかった。だが、ドナルドはマンハッタンに乗り出した。

70年代後半のニューヨークは荒廃し、犯罪の巣窟《そうくつ》だったが、トランプにとって商機だった。地価が下がっていたからだ。

１９８０年、トランプはニューヨークのセントラル駅の隣にあったコモドア・ホテルを買収した。戦前は政財界の大物が集まる最高級ホテルだったが、70年代に破綻して荒れ放題だった。トランプはこれを豪華にリノベーションし、80年にグランド・ハイアット・ホテルとしてオープンして大成功。83年には五番街のティファニーの隣に58階建てのトランプ・タワーを建てる。ロビーには誰でも入れるようにして、世界的な観光名所になった。

金ぴかなインテリアは成金趣味ともいわれたが、バブルな80年代文化ともぴったり合って、トランプは不動産王の名を確立した。

1988年、レーガン政権の副大統領を務めたジョージ・H・W・ブッシュが大統領に出馬した。その前年、トランプがブッシュの副大統領に選ばれそうだと噂された。すでにその頃トランプは、若手実業家のスターで、自伝はベストセラーになっていた。当時、テレビで「大統領になる気はあるのか」と聞かれるトランプの映像が残っている。まだ41歳で、髪の毛のふさふさしたトランプは落ち着いた口調で「大統領選に出たいという気持ちはあります」と答えている。結果よりも、チャレンジの過程が面白い、と。

この時からトランプは大統領選を視野に入れ始めただろう。およそ30年近く前だ。

どん底の90年代

1987年10月19日、ブラックマンデーと呼ばれる、過去に類を見ない世界的な株価暴落が起こり、80年代バブルは終息したが、その後もトランプはバブル時代の調子で派手な投資を続けた。特に88年、ニューヨーク一の高級ホテル、プラザを4億ドルで買収したのはセンセーションになった。これは現在の価値で8億ドルに相当するといわれる。92年の映画『ホームアローン2』には、ニューヨークに来たマコーレー・カルキン少年がプラザホテルの廊下でオーナーのトランプとすれ違うシーンがある。トランプはさらに5000万ドルをつぎ込んでプラザを改装したが、90年代前半は世界的に景気が悪く、プラザの経営も赤字が続いて破綻し、95年に買値より安い3億ドルで手放すことになった。

トランプのつまずきは続いた。ニュージャージーのフットボール・チームを所有して、NFL（全米で最上位のプロアメリカンフットボールリーグ）と対抗するアメフトリーグを作ろうとしたが失敗。トランプシャトルという飛行機会社を設立して失敗。ニュージャージー州のカジノの街、アトランティック・シティでカジノ・ホテルを開いて失敗。こうしてトランプの会社は94年前後に4回も破産した。

もちろん破産したので、負債は払っていない。それを指摘されたトランプは「自己破産という法律があるから、それを利用しただけだ」と開き直っている。だからトランプが大統領になると危険だといわれている。何度も借金を踏み倒しているから、それを国家規模でやるんじゃないかということだ。

実際、16年5月に、トランプは「大統領になったらデフォルトするかもね」と言っている。アメリカの国債を最も持っているのは中国と日本だ。このデフォルト発言を受けて世間が騒いだので、トランプは「いや、あれはデフォルトするという意味ではなくて、デフォルトするかもね、くらいの意味合いだった」と苦しい言い訳をしたが。

トランプは92年、プラザホテルの共同経営者でもあった妻イヴァナ・トランプと離婚した。この時にトランプは財産分与で資産を大幅に失った。離婚の原因となったのは、マーラ・メイプルズという女優との不倫で、彼女とは翌93年に結婚して娘をもうけたが、6年で離婚し、この時もかなり資産を失った。4回の破産と2回の離婚で、トランプは大富豪のランキングからも消えてしまう。

90年代はトランプのビジネスにとっていい10年間ではなかった。しかし、そこからどれほど立ち直ったのか？　共和党の反トランプ派であるミット・ロムニーは、トランプの事業は今もそれほど好調ではないと考えている。ロムニーはハゲタカ投資家でウォール街のインサイダーだから、トランプの台所事情についても信用できる。ロムニーは「トランプは税金をほとんど払っていないだろう」と言う。つまり赤字申告をしているはずだ、と。これに対してトランプが反論するには納税額を公表すればいいのだが、していない。言えるような額ではないのだろう。

差別はブキャナン、下品さはプロレスに学んだ

１９９９年、トランプは初めて正式に大統領予備選に出馬した。この時は、共和党でも民主党でもなく、大富豪ロス・ペローが立ち上げた改革党からだった。だが途中で予備選を降りた。ライバルのパット・ブキャナンの人気に勝てないと判断したからだ。ブキャナンはニクソン大統領の演説ライターでもあった政治評論家。著書では『病むアメリカ、滅びゆく西洋』などが邦訳されている。

ブキャナンは、白人の出生率低下と中南米系の人口増加によって、アメリカが近い将来白人キリスト教徒の国でなくなると警告する。それを防ぐには、メキシコとの国境に壁を築き、不法移民を排斥せよと訴える。また、保守といっても、アメリカの軍事による世界平和を求めるネオコンを激しく批判し、二度の世界大戦への参戦すら必要なかったとするブキャナンは、アメリカは日本や韓国、ＮＡＴＯのための軍事負担もやめて、自国防衛に専念すべしという。そう。これは今回の選挙でトランプが言っていることそのままだ。

ブキャナンは「私はトランプの政策を先取りしていた」と言っている。ところが99年当

時、トランプはクリントン政権を支持していたようにリベラル寄りで、CNNのインタビューでブキャナンの移民排斥に対して嫌悪感を示している。

「ブキャナンは極右を超えている。あれでは本選に勝てない」

確かにそうだったが、ブキャナンは少なくとも改革党の予備選には勝った。この事実からトランプは何かを学んだはずだ。

これに加えてトランプの「転向」のきっかけになったのはプロレスである。

07年、プロレス団体WWEの会長ヴィンス・マクマホンは、『アプレンティス』で流行語になったトランプの「お前はクビだ!」はもともと自分の決めゼリフだったと抗議し、そこから、二人の確執が始まった。

もちろん、これはアングル(作られた遺恨)だ。もともとトランプとマクマホンは盟友だった。トランプはマクマホンより一つ下。境遇も似ている。トランプの父がローカルな不動産業者だったように、マクマホンの父もニューヨークのローカル・プロレス団体のプロモーターだった。二代目の二人はそれを全米規模のビッグ・ビジネスに拡大した。88年、トランプがアトランティック・シティで始めたカジノ・ホテルで、WWF(当時)の年間最大のイベント「レッスルマニア」を開催してから、二人は何度も提携してきた。

90年代後半、WWFは国民的な大ブームになった。荒くれレスラー、ストーンコールドことスティーヴ・オースチンがマクマホン会長の冷遇に反逆し、会社に反抗するレスラーたちと経営者側についたレスラーたちとの労使抗争へと発展したのだ。マクマホンはWWEの観客の過半数がワーキング・クラス（3割が世帯年収4万ドル以下）であることを熟知して、憎むべき経営者としてふるまった。「ウチの客の9割はバカだ」と観客に向かって言ってのけ、札びらで選手の頬を叩いて屈服させ、「お前はクビだ！」と権力を振りかざすマクマホンを観客は憎み、その下で戦うストーンコールドに共感し、彼が必殺技スタナーをマクマホンに食らわせると、文字通り跳び上がって喜んだ。同時に観客はレスラーの技を受けきるマクマホンという商売人を畏敬し、愛した。

そのマクマホンに彼以上の金持ちトランプが立ち向かったのだ。題して「バトル・オブ・ザ・ビリオネアズ（大富豪の対決）」トランプはマクマホンよりも自分のほうがWWEをうまく経営できると言って乗っ取りを宣言した。

「私のほうが金持ちでハンサムで背も高いしな！」

WWEには脚本家と演出家がいる。現在のトランプの罵倒術はこのとき、WWEで学んだのではないか。

そしてトランプは会場の天井から客席に現金をばらまいた。これほど人を馬鹿にした行為もないが、観客は舞い散るドル紙幣を奪い合って熱狂した。

決着は、マクマホンとトランプがそれぞれ擁立したプロレスラー同士を戦わせるという奴隷戦士を決闘させるローマの貴族のような展開。さらにマクマホンがトランプの生え際不明瞭なヘアスタイルをからかって「負けたほうが坊主になる」というルールに決まった。試合はトランプが場外でマクマホンにラリアットをかましてなぜかKO勝ち。マクマホンはリング上でトランプにバリカンで髪を刈り取られ、WWEの株も買い取られた(というお芝居)。

この試合は当時のWWEでは最高の視聴率を記録したので、後にトランプはレスラーでもないのにWWEの殿堂入りをした。さらに、トランプはWWEをマクマホンに売値の2倍で無理やり買い取らせた。「安く買って高く売る」というトランプのモットーを示したオチだった。

ニューヨークの富裕層に生まれたトランプは、ブキャナンの選挙戦とWWEで初めて白人ブルーカラー、いわゆるサイレント・マジョリティの鬱屈したパワーに触れた。マーケティングの名手としてはこれを利用したい。なら、共和党しかない。共和党の支持者の9

割が白人で、学歴や収入も民主党のそれに劣る、つまりWWEと同じ客層だからだ。

　だが、トランプは慎重だった。まず12年の中間選挙で出馬を匂わせ、「オバマは本当はケニア生まれだから大統領の資格がない」と発言してみた。それはデマとして既に検証が済んでいるにもかかわらず、共和党支持者の過半数がそれを信じた。トランプは差別的デマで共和党員がどのくらい「釣れる」かをテストしてみたのだろう。テストは成功したが、トランプは出馬を取りやめた。ウォール街が背景につくミット・ロムニーには資金力で勝てそうにないからだ。

　そして16年、トランプは満を持して出馬した。ライバルの候補たちは全員小物だった。トランプは、貧しい労働者の荒々しい言葉遣いと話し方、差別的なレトリックで、保守的な白人票をかっさらった。トランプの予備選での勝利は、客のニーズに合わせた戦略の成果だった。

　ただ、こういうやり方はトランプが初めてじゃない。ジョージ・W・ブッシュも、東部コネチカット出身の大富豪のお坊ちゃんで、テキサスで下院議員に立候補した時は、地元テキサス出身の対立候補に上品な東部風の英語を揶揄され、負けた。そこでブッシュはテキサス訛りとカウボーイ風ガニマタ歩きを「練習して」、テキサス州知事に選ばれた。どうしてそういうのにコロっと騙されちゃうのかなあ。

サイレント・マジョリティと犬笛政治

２０１６年６月

「サイレント・マジョリティはトランプを支持する」

ドナルド・トランプの支持者集会では、そう書かれたプラカードが配られる。

「メキシコとの国境に万里の長城を築け！」「すべてのイスラム教徒の入国を禁止しろ！」などとトランプが叫ぶたびに、聴衆はプラカードを振り、足を踏み鳴らし、うおおおと吠えて喜ぶ。

アイオワ、アリゾナ、サンノゼの集会に参加した筆者は、周囲の人々に職業を聞いて回った。農家、トラクター工場勤務、建築業者、警察官、消防員、それに引退した高齢者。仕事はさまざまだが、野球帽にチェックのシャツにジーパンやワークブーツの人が多く、シリコンバレーに近いサンノゼですら、平日の夕方6時にもかかわらず、スーツにネクタイの人は見当たらなかった。つまり、ホワイトカラーよりもブルーカラーが圧倒的だった。

調査によると、トランプ支持者の半数の学歴は高卒かそれ以下だ。とはいえ、世帯年収の中間値は7万2000ドルと、かなり多い。対するクリントン支持者の中間値は5万6000ドルしかない。これは、クリントン支持者には貧しい黒人や若者が多いのに対して、トランプ支持者は学こそないものの苦労して働いてそれなりの生活をしている中年以上の白人が多いからだといわれる。

筆者が行った集会でも、9割は白人、半分は白髪だった。そんなトランプの支持者は、ニューヨークなどの都市部よりも、南部や中西部の、郊外や田舎に圧倒的に多い。そして、トランプは彼らを「サイレント・マジョリティ（物言わぬ多数派）」と呼んでいる。

トランプが最初にその言葉を使ったのは、大統領予備選開始直後の7月6日、アリゾナ州フェニックスだった。猛暑にもかかわらず集まった支持者に熱狂的に迎えられたトランプは記者に語った。

「サイレント・マジョリティが帰ってきたんだよ。もう何年も使われていないが、私を支持する人々を言い表す言葉は、他に見当たらない」

さらに8月27日、サウスカロライナ州のグリーンヴィルでトランプはこう演説した。

「私はサイレント・マジョリティを代弁する！　彼らは、この国で虐待され、忘れられ、踏みにじられてきた人々だ！」

この言葉に、トランプの、いや、アメリカの選挙の歴史のほとんどすべてが隠されている。

本来は「ベトナム戦争に賛成する白人労働者たち」の意味だった

「サイレント・マジョリティ」という言葉は今から47年前の1969年11月、リチャード・ニクソン大統領のテレビ演説で有名になった。

「今夜、我らが同胞たるサイレント・マジョリティに、支援を願います。私は、この戦争を勝利に終わらせると誓います」

69年当時、アメリカはベトナム戦争の泥沼でもがいていた。米兵の死者は増え続けるが北ベトナム軍の勢力は衰えず、マスコミは米兵によるベトナムの民間人の虐殺を報道し、ヒッピー世代の若者たちは街に出て、戦争中止を求めるデモを繰り返していた。幼かった筆者も覚えているが、テレビを観ている限り、アメリカ中がベトナム戦争に反対しているように見えた。

ところが、ニクソンは「街頭でデモをしたり、（メディアで）自分たちの主張を叫んでいる人々は、実はマイノリティ（少数派）にすぎない」と演説した。

「アメリカを敗北させ、貶めるのは北ベトナムではありません。（戦争に反対する）アメリカ人です」

ニクソンは、国民の多数派は「真面目に働き、税金を納めている良民（グッド・ピープル）」で、政治的発言はしないので目立たないが、アメリカの戦争を応援しているはずだと言った。この演説の後、ニクソンの支持率は50％からいっきに81％に上昇し、1972年の大統領選挙では70％という圧倒的な得票率で再選された。マジョリティはニクソンと戦争を選んだのだ。

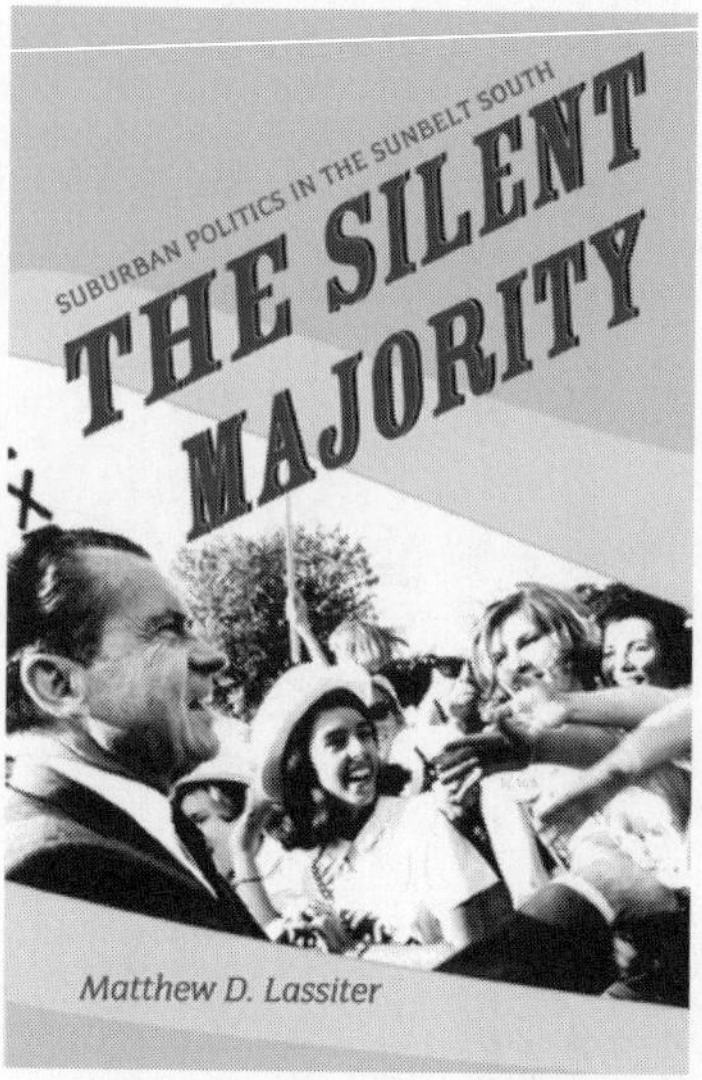

サイレント・マジョリティを味方にニクソンは50州中48州を押さえ再選

ニクソンが呼びかけた人々は、具体的にはブルーカラーとかワーキング・クラスと呼ばれる、工場や農場や建設現場、運送業などで働く人々を指している。72年の大統領選に投票した人の52％、過半数が自らをワーキング・クラスだと答えている。

ワーキング・クラスの白人たちの多くは、ホワイト・エスニックと呼ばれるスコットランド、アイルランド、ドイツ、イタリア、ギリシャ、ロシア、東欧各国から渡ってきた人々の子孫だ。彼らは19世紀後半にヨーロッパから移民した貧農小作人や農奴だった。既にアメリカの肥沃《ひよく》な土地はＷＡＳＰ（イギリス系）の移民に所有されていたので、西部の開拓地を目指すか、都市に残って建設現場や工場で働いた。アメリカの近代は彼らの血と汗で築かれた。

ホワイト・エスニックは母国では学校にも行けず、読み書きもできず、いくら働いても代々底辺から抜け出せなかったが、アメリカでは働いたぶんだけ豊かになった。中流になって子供を大学に行かせ、家や車を買うこともできた。つまり「中流」になれた。だから彼らはアメリカに感謝し、愛し、戦争にも喜んで参加した。彼らはアメリカの人口の最も多くの部分を占めた。

しかし、ベトナム戦争で世論は二つに分かれた。都会に住むインテリ、学者やジャーナリスト、作家や大学生、ミュージシャンや俳優たちは戦争に反対した。戦争に行った田舎の若者たちを人殺し呼ばわりした。ブルーカラーの人々は苛立ったが、彼らには反論する言葉も機会もなかった。そんなサイレント・マジョリティの不満をニクソンはすくいとったのだ。

では、なぜ今、トランプがこんな死語を掘り返してきたのかというと、この言葉にこっそり混ぜられている麻薬を利用するためだ。人種差別という麻薬を。

「有色人種が嫌だ」と言う代わりの犬笛

サイレント・マジョリティはブルーカラーを意味すると書いたが、黒人やヒスパニック(中南米系)は含まれない。彼らはマイノリティだから。では、なぜ、ニクソンやトランプはわかりやすく「白人ブルーカラーの皆さん」と呼びかけないのか。それはレイシズムになってしまうからだ。

実は白人ブルーカラーには、ベトナム戦争よりも許せないことがあった。黒人の平等だ。

１８６５年に南北戦争で南部が敗けて奴隷制度は終わったが、その後約１００年間、南部では人種隔離が続き、黒人には選挙権がなかった。１９５０年代後半からキング牧師をリーダーにして黒人たちはデモを繰り返し、ついに64年に公民権法が成立して人種隔離が違法となり、65年の投票法で選挙権を獲得した。

この二つの法律にサインした大統領はリンドン・ジョンソン。民主党だった。民主党はもともと貧しいスコットランド移民の息子アンドリュー・ジャクソン大統領が、東部のエリートに対抗し、貧しい白人たちのために立ち上げた党で、奴隷制度を続けた南部の政治家たちも民主党だった。

転機は１９２９年の大恐慌だった。失業対策として、民主党のフランクリン・ローズヴェルト大統領は金持ちに増税した金でダムや道路や橋を築き、労働者たちに仕事を与えた。このニューディール政策は、国民の半分以上を占めたブルーカラーから熱く支持され、選挙で勝ち続けた。リベラリズムとは本来は自由主義を指したが、この頃から「ニューディール的な国民の平等のための政府の積極介入」を意味するように変わった。

そして60年代、民主党は、富の平等を人種の平等へと広げ、公民権法と投票法を成立させた。ただ、サインをしながらジョンソン大統領は「これで民主党は南部を失うだろう」

とつぶやいた。彼の予想は当たり、南部の白人たちは民主党を離れ始めた。

それを奪おうとしたのがニクソンの「サイレント・マジョリティ」という魔法の言葉だった。

「1954年なら黒人のことをニガーと言えた。でも、1968年にニガーなんて言ったらおしまいだ。だから別の言葉に言い換えるようになったんだ」

1981年、共和党の選挙の裏工作人として悪名高いリー・アットウォーターがうっかり口をすべらせた。つまりサイレント・マジョリティという言葉には、「黒人の平等に不満だが、差別になるので、それを口に出せなくなった白人」という裏の意味が隠されていた。

こうした言い換えをドッグホイッスル・ポリティックス（犬笛政治）と呼ぶ。犬笛は人間には聞こえない超音波を発するので、犬だけが反応する。それと同じく、サイレント・マジョリティと言われるとブルーカラーの白人は「自分のことだ」と察する。トランプはこの笛を吹いたのだ。

共和党の他の候補者たちは、トランプの政策に整合性がなくてデタラメだと批判したが、有権者の多くは細かい政策の良し悪しはわからない。ただ、「白人ブルーカラーの味方かどうか」だけが問題なのだ。そのように人種や民族など属性だけにアピールする政治をアイデンティティ・ポリティックスと呼ぶ。ニクソン以降の共和党もずっとそれを使ってきた。たとえばレーガンは「ウェルフェア・クイーン（福祉の女王）」という言葉を使った。政府からの生活保護でキャデラックに乗る女性を指している。レーガンは決して人種について語らないが、聴衆が思い浮かべるのは着飾った黒人女性だ。

そんなことをしているうちに共和党支持者の9割は白人になってしまった。トランプは彼らが喜ぶエサを掲げた。黒人大統領オバマとメキシコ移民やイスラム教徒に対する憎しみだ。

連合（コアリション）の崩壊

白人ブルーカラーの奪い合いはニクソンから始まったわけじゃない。ジャクソン大統領の時代にすべての白人男性に投票権を拡大してからずっとそうだった。なにしろマジョリティだから、それを取ったほうが勝つ。この単純な事実に気づいたローズヴェルト大統領は、ニューディール政策でブルーカラーを中心にしたさまざまな層の支持を集めた。労働組合、農民、新移民、カトリック教徒、黒人、ユダヤ系などのマイノリティ、インテリ、それに官僚らが民主党を支持する「連合（コアリション）」を形成した。対する共和党の支持層、WASPと資本家は数で勝てなかった。民主党は選挙で勝ち続けた。

1952年の大統領選挙で民主党は政治エリートの家系出身のアドレイ・スティーヴンソンを候補にして敗北した。共和党が擁立したアイゼンハワー候補はドイツ移民でカンザスの田舎育ちの戦争の英雄、典型的な白人ブルーカラーだった。だが、アイゼンハワー大統領もニューディール連合に反する政策は取れず、全米にハイウェイを建設し、黒人の白人学校への登校を保護するなどリベラルな政策を行った。

ニューディール連合が60年代に崩壊したのは、先述したように、公民権法に反発した白人ブルーカラーをニクソンに奪われたからだ。1980年にレーガンが大統領になった時には、レーガン連合とか、保守連合と呼ばれる新たなコアリションが確立した。まず、レーガンは南部だけでなく五大湖周辺の労働組合の票も民主党から奪い取った。彼らは「レーガン・デモクラーツ」と呼ばれた。さらにNRA（全米ライフル協会）、キリスト教福音派、それに共和党本来の支持層である東部の大資本家、企業経営者だ。

保守連合も強固で、1992年に大統領になったビル・クリントンもこれには逆らえず、福祉の削減や金融緩和など、共和党寄りの政策を取らざるを得なかった。

ただ、保守連合は、あまりにも大資本とブルーカラーという、利害が対立するグループを束ねているのが問題だった。経済政策は、政治資金のスポンサーである大企業や大富豪向けだ。国民皆保険への反対は保険会社のため、地球温暖化の否定は石油化学産業、規制緩和や市場の放任は金融業者、自由貿易は国際的大企業、軍事力による世界覇権はユダヤ系ロビー、最低賃金を安く抑えるのは経営者、減税はもちろん富裕層のためだ。ブルーカラーには何一ついいことはないのだが、銃所持の権利を守り、人工中絶や同性婚を違法にするという公約を信じて共和党に投票し続けてきた。

その危うい連合をトランプが引き裂いた。白人ブルーカラーのエスタブリッシュメントに対する憎しみを煽って。

だが、トランプが民主党のヒラリーとの本選に勝てるとは思えない。レーガンが大統領になった1980年には有権者の9割が白人だったのが現在は6割しかいない。2012年の調査では、自分をワーキング・クラスだと思う有権者は40%しかいない。約200年間、アメリカの選挙を支配してきたサイレント・マジョリティはもうマジョリティではない。トランプが勝とうと負けようと、その後に残るのは、バラバラになった保守連合の残骸だ。

「もはや政治的に正しくある余裕はない!」

2016年7月

7月21日、筆者はオハイオ州クリーブランドにいる。高くそびえる金網で囲まれた中にあるクイッケン・ローンズ・アリーナで共和党大会が開かれ、ドナルド・トランプが正式に候補として指名される。某誌を通して取材申請したが、却下されたので中には入れない(トホホ)。

クリーブランドは警官だらけだった。角ごとに10人ぐらいずつ固まって立っている。気温は30度もあるのに、防弾チョッキ着こんで重武装。装甲車が走り回り、空にはヘリが……まるで戒厳令。二の腕のワッペンを見ると隣州ミシガン、インディアナ、ケンタッキー、ペンシルベニア……いや、ジョージア、うちのあるカリフォルニアのハイウェイ・パトロールまでいる! 今回、12の州から警察官が応援に集まったのは、最悪の事態が予

警察官の群れに警備された共和党大会の会場周辺

測されるからだ。

まず全米で警官と黒人たちの憎悪がたぎっていた。7月5日にルイジアナ、6日にミネソタで無抵抗の黒人が警官に射殺され、7日にはテキサス州ダラスで今度は黒人が警官5人を狙撃。共和党大会初日の17日にもルイジアナで黒人が警官3人を射殺。しかもクリーブランドの住民の過半数は黒人なのだ。

それに共和党はこの大会でドナルド・トランプを大統領候補に指名する。トランプは「メキシコ人は強姦魔」「すべてのイスラム教徒の入国を禁止しろ」と主張し、非白人たちの怒りを煽り、各地の集会ではトランプ支持者と反対者の間で小競り合いが頻発していた。筆者の家の近所サンノゼ（住民の4割がメキシコ系）では、反対者が支持者に物を投げつけて負傷させていた。

それだけじゃない。共和党のアウトサイダー（部外者）であるトランプは予備選の間じゅう、党内の主流派を「無能」「愚鈍」「大企業の操り人形」と愚弄し続けたので、ブッシュ一家やマケイン、ロムニーなどの重鎮は大会をボイコット。ベイナー前下院議長はトランプを「党を乗っ取るルシファー」つまり「悪魔」と呼んだ。彼ら主流派は党大会でトランプ指名を阻止する裏工作を画策しているとも噂されていた。

同じようなことは1968年にシカゴの民主党大会で起こった。党内左派がベトナム戦争に反対していたが、党主流派は党員の意向を無視して戦争継続派のハンフリー副大統領（当時）を大統領候補に選んだため、怒った党員が暴動を起こし、警察と衝突して流血の惨事になったのだ。

会場の周辺は高い鉄柵で囲まれ、近づくこともできない。だが、会場前にNBCテレビの特設スタジオが設置され、その巨大モニターでステージの様子が見える。会場に入ってもどうせモニター観るんだし、一緒に観てる人たち共和党員ばかりだし、こっちのほうがビール飲みながら観戦できるからいいや（負け惜しみ）。

「法と秩序」

クリーブランドはデトロイト、ピッツバーグと並ぶアメリカの工業都市。かつては五大湖沿岸に石油、鉄鋼、自動車などの重工業のプラントが並んでいたが、60年代終わりから、五大湖の工業は、日本やドイツなどとの競争に負けて、工場は次々に閉鎖され、ラステッド（錆びついた）ベルト（地帯）と呼ばれるようになった。ピッツバーグは先端技術に活路を見出したが、クリーブランドは依然として、失業率、犯罪率、貧困率の総計で、全米で7番目に最悪な街だ。

共和党がここで大会を開くのは大きな理由がある。オハイオを征する者は大統領選を征するからだ。大統領選挙は、各州に割り当てられた選挙人数を各州で勝ったほうが総取りし、合計で過半数の270取れば勝ちだ。東部と西海岸の州は民主党が常勝する「青（民主党の色）い州」で、南部の州は共和党が常勝する「赤い州」なので、どちらが勝つか決まっていない「激戦州」の取り合いになる。なかでもフロリダは選挙人数29、オハイオは18と多く、この2州を取ったほうが勝つといってもいい。

最後まで予備選に残ったジョン・ケイシックはオハイオの現州知事だ。だから、ここから歩いて数分の市庁舎にいるのだが、大会には顔を出さない。その他、多くの議員や州知事、市長などが大会を欠席した。

彼ら共和党主流派のボイコットはトランプに対する無言の抗議だ。だが、それ以上は何もできなかった。

共和党全国委員長による開会宣言で、会場の反トランプ党員から野次が飛んだ。少なかった。委員長は野次を無視して開会の小槌を振り下した。これでかすかにくすぶっていた反トランプの火は完全に消えた。1年前に出馬したトランプは、立ちふさがる共和党候補を一人残らず打ち倒し、大富豪の金任せのネガティヴ・キャンペーンにも耐え、ついに共和党を手中に収めた。

ジュリアーニ元NY市長をはじめ、ステージに立った演説者は全員、警官殺しとテロが続く現状に対して力による「法と秩序」を求めた。

「法と秩序」は1968年の共和党大会のキーワードだった。当時はベトナム戦争に反対する学生デモや、キング牧師暗殺に怒った黒人たちの暴動で全米が混乱していた。共和党大会では、大統領候補に指名されたリチャード・ニクソンが受託演説で「法と秩序の回復」を約束し、分裂した民主党に対して圧勝した。

この憎しみに満ちた党大会に唯一、明るさを添えたのは、元グラビア・モデルのトランプ夫人メラニアのスピーチだった。予備選中はトランプの背後に黙って立っているだけで、まさにお人形さんだった。ファースト・レディとしての資質は疑問視されていたメラニアだが、このスピーチはそんな不安を払拭する素晴らしいものだった……かに思われたが、すぐに2008年の民主党大会でミシェル・オバマ現大統領夫人のスピーチの盗作だと発覚、スピーチ・ライターが謝罪した。ダメだ、こりゃ。

すっかりトランプの腰巾着に成り果てたニュージャージー州知事クリス・クリスティが登壇し、公務用のEメールを勝手に削除したヒラリー・クリントンを逮捕しろと煽った。

「ロック・ハー・アップ（あの女をブチ込め）！　ロック・ハー・アップ！」

1万人の党員が拳を振りながら叫び続けた。恍惚の表情で。セーラムの魔女狩り、KKKによる黒人リンチ、マッカーシズムの赤狩り、何度も繰り返されてきた、生贄《いけにえ》を求める群衆たちの熱狂。

トランプと最後まで予備選を争ったテッド・クルーズ上院議員も大会のステージに上がった。彼はトランプ支持を約束したと報じられていたが、本番では「良心に従って投票してください」としか言わなかった。土壇場でトランプ推薦を拒否したクルーズは「妻を侮辱したトランプを絶対に許さない」と答えた。満場の聴衆はクルーズにすさまじいブーイングをぶつけた。どこにもクルーズの味方はいない。この党は既にトランプのものなのだ。

党の憲法はトランプ向けに書き換えられた

共和党がトランプに屈したことは、開会時に発表された政策綱領を読むとわかる。党の憲法ともいえる綱領に、トランプの主張はことごとく反していたが、今回発表された新綱領はぐっとトランプ寄りになっていたのだ。

たとえば前回12年の綱領にはＴＰＰの推進が謳《うた》われていたが、トランプは国内の労働者の仕事が外国に奪われるからと激しく反対した。そして新綱領ではＴＰＰという言葉が消え、アメリカの利益を第一に考えた貿易条約にすべきだと書いてある。

そしてオバマケア。12年の綱領にはオバマ大統領のアフォーダブル・ケア・アクト（医療費負担適正化法）の撤廃が目標とされていたが、トランプは完全撤廃ではなく「もっと良い制度」に変えると言った。新綱領にはなんと「医療保険制度は義務を減らして選択肢を減らしてアフォーダブル（適正な価格）であるべき」と書かれている！

金融機関の規制については、もちろん旧綱領は規制の縮小、トランプは暴走を防ぐために規制が必要だと言った。新綱領では「大きすぎて潰せない銀行があってはならない」と大きすぎる銀行を分割するグラス・スティーガル法を復活させると書いてある。「大きすぎて潰せない」はブッシュ政権の連邦準備制度理事会のバーナンキ議長（共和党）が言ったことで、グラス・スティーガル法は民主党のローズヴェルト政権で施行され、90年代に共和党議員によって廃止されたものなのに。

つまり共和党の綱領は、「小さな政府」から「大きな政府」に、ということは民主党寄りに、ブルーカラー向きに書き換えられたのだ。

さらに綱領には、トランプが公約していたメキシコとの国境の壁の建設が加えられた。壁の建設費の出どころは明確ではない。メキシコに出させるつもりだからだ。メキシコは絶対に払わないと拒絶しているのに。こんな実現不可能な政策を綱領に盛り込むとは、征服者トランプに恭順の意を示すのが目的だろうか。

デマだらけの受託演説

4日続いた大会の最後はトランプの大統領候補指名受託演説、共和党の新しい王の戴冠式だ。

トランプは予想どおり、ニクソンの言葉「法と秩序」を引用して、アメリカの内外の敵を強調し続けた。だが、その中身は、恐怖を煽るために事実を大きく誇張し、歪曲したものだった。

「アメリカの50の大都市における殺人件数は去年に比べて17％増加した」

実際に17％増加した都市は36。アメリカ全体での殺人件数は10年以上減少し続けている。「職務中

大会会場近くでアサルトライフルをオープンキャリーするトランプ支持者

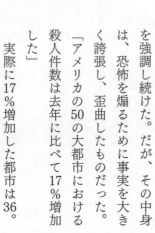

に殺害された警察官の数は、去年に比べておよそ50％増加しています」これもウソ。実際の15年に対する増加率はわずか8％。しかも、この15年間、それは継続して減少している。

「国境を越えて入ってきた一人の男がネブラスカで、サラ・ルートさんという無実の若い女性の命を奪った。優秀な成績で大学を卒業した翌日に殺害されたんだ」

まるで殺人事件のように話しているが、実際は酒酔い運転による交通事故だ。トランプはこの演説で、中南米からの不法移民による事故と殺人4件を強調した。ヒスパニック・イコール殺人者というイメージを作り上げるように。

「ヒスパニック系の貧困層は、オバマ大統領の就任以来、200万人も増えた」

オバマ在任中の8年間でヒスパニックの貧困層が200万人増えた理由は、ヒスパニック全体の人口が700万人増えたからで、ヒスパニックの貧困率は25・3％から23・6％に減っている。

「世帯収入は、16年前の2000年以降、4000ドル以上も下がった」

6月の平均世帯年収は5万7206ドル。00年に比べて下がった額は580ドル。

「ヒラリーが国務長官として残した遺産は、死、破壊、テロ、そしてアメリカの弱さだ」

「私たちはアメリカ・ファースト（アメリカ第一）だ。グローバリズムではなく、アメリカニズムだ」

そしてトランプは予備選で他の候補たちを打ち負かした得意のフレーズ「操り人形」をヒラリーにぶつける。

「大企業や大手メディア、大口の献金者。ヒラリーは彼らの操り人形だ」

「フロリダ州オーランドで49人の素晴らしいアメリカ人がイスラム過激派のテロリストにより無残にも殺された。憎しみに満ちた他国の思想の暴力や抑圧から、アメリカのＬＧＢＴＱ市民を守る」

これは共和党の大統領候補として初めて、同性愛者を認めた演説だ。だが、それはイスラムへの敵意を強調するためだ。このオーランドのゲイ・クラブでの虐殺はイスラムによるテロか、同性愛者へのヘイト・クライムなのか結論は出ていないのだが。

「ＮＡＦＴＡに署名したのはビル・クリントンだ」

たしかに署名したのはクリントンだが、実際にＮＡＦＴＡを進めていたのは父ブッシュだった。この演説でトランプは、中国のＷＴＯ（世界貿易機関）への加入やＴＰＰなどの共和党が進めた政策を、クリントン夫妻や民主党の責任に転嫁していく。

「私たちは道路、ハイウェイ、橋、トンネル、空港、そして、未来の鉄道を建設する。そして膨大な数の雇用を創出する」

こうした公共事業は民主党のニューディール政策であり、公共事業を縮小したのは共和党のレーガン政権だ。

事実を自分に都合よく歪《ゆが》めるデマゴーグは必ず「私の言うことが一般に報じられていることと違うのは、彼らが嘘をついているからだ」というレトリックを使う。トランプも最初に「私が語るのが真実だ。嘘を聞きたいなら民主党大会に行きたまえ」と言ってからデマを並べ始めた。

トランプの演説は75分に及んだ。最初、聴衆は「トランプ！ トランプ！」とコールするなどで盛り上がっていたが、だんだん静かになり、その表情も不安げになっていった。トランプが語る現在のアメリカは、憎しみと暴力と貧困と恐怖と絶望に満ちた、地獄以外の何物でもないからだ。

そして、この地獄を生き延びるには、アメリカは「移民の国」というアイデンティティを捨てなければならないという。

「もはや我々はポリティカリー・コレクトでいる（政治的に正しくある）余裕はないんん

だ！」

トランプがそう叫んだとき、モニター内が映し出したのは、「よくぞ言ってくれた！」といわんばかりに大喜びで拍手する白人の中年男性だった。しかし、ポリティカリー・コレクトはアメリカそのものだ。独立宣言に掲げられた言葉「人は生まれながらに平等である」。書いた時点では白人の土地所有者だけを意味していた「人」は、その後、すべての人に広げられていった。奴隷制を撤廃し、世界中から移民を招き、女性に参政権を勝ち取らせ、難民を受け入れ……。独立宣言はアメリカの憲法の基本である。共和党の綱領を書き換えさせたトランプは、アメリカの憲法をも否定しようとしている。

この党大会は最初から最後まで、黒人、ヒスパニック、イスラム教徒、それに女性に対するヘイト祭りだった。トランプが共和党に語る理想のアメリカとは、この大会のようなものだろう。巨大な壁の内側に閉じこもった白人だけの国。

それは筆者が憧れたアメリカとは違う。

トランプの言う壁は実際には築かれないだろう。だが、彼は既に人々の心の中に壁を築いてしまっている。

「ロックの殿堂」の抵抗

筆者がクリーブランドまで旅行した本当のお目当てはロックンロール・ホール・オブ・フェイムだった。ロックの歴史の博物館である。

ロックンロールという言葉は1950年代にクリーブランドのラジオDJアラン・フリードが広めた。黒人音楽であるロックンロールに最初に夢中になった白人は、クリーブランドの工場で働くハンガリーやチェコ、ポーランド、リトアニアからの移民の息子たちだった。ロックンロールとは、アフリカ系の音楽が、アイルランドから南部に移民したスコットランド系の民謡と合体し、アラン・フリードなどのユダヤ移民にプロデュースされ、東欧系移民二世の少年たちが熱狂して生まれたものだ。

つまりロックンロールとは筆者が愛するアメリカそのものだ。

ロックンロール・ホール・オブ・フェイムは、共和党の党員章をつけた人々で満員だった。大会期間中、入館料無料で開放され、共和党員には無料でランチまでふるまわれていたからだ。

共和党大会記念の特別企画として「ラウダー・ザン・ワーズ（言葉よりも響け）」と題して、ロックンロールと政治の歴史が展示されていた。ロックンロールは生まれた時から政治的な音楽だった。まず、南部では「白人を黒人のレベルに下げる音楽」と呼ばれて放送禁止にされた。ジョン・レノンが「ビートルズはキリストより有名」と言ったせいでキリスト教福音派たちはビートルズのレコードを踏んで割り、焼き捨てた。その状況は今も何も変わってない。イラク戦争に反対するディクシー・チックスが「ブッシュと同じテキサス生まれで恥ずかしい」と言ったところ、南部や中西部のラジオ局では彼女たちの歌は放送禁止になり、ブッシュを支持するＤＪがディクシー・チックスのＣＤを集めてブルドーザーで引きつぶした。

そんな戦いの歴史は黒人ミュージシャンたちの「ブラック・ライヴス・マター」運動で締めくくられている。

展示を見る共和党員たちの表情は硬かった。何も語る者はいない。当たり前だ。これはトランプ的な価値観とロックの戦いの歴史だからだ。

筆者はひとりの案内係の青年にひそひそ声で尋ねた。

「この展示、もしかして共和党への嫌がらせ？」

青年は何も言わず、イタズラっぽく笑ってウインクして、親指を上に突き出した。

彼の背後には巨大な壁がそびえている。ピンク・フロイドの『ザ・ウォール』のツアーのために作られた舞台装置だ。『ザ・ウォール』は他人を寄せ付けない主人公が心に壁を築いていく。彼は独裁者となり拳を振り回してファシストを扇動し、ユダヤ人や有色人種を弾圧する。『ザ・ウォール』は狭い心と政治的な狭量さが重ねられている。ステージでは演奏中に、観客との間に少しずつ壁が築かれ、最後は高い壁でステージが完全に見えなくなる。

「壁を壊せ！　壁を壊せ！」

観客が一丸となって叫び、その頂点で壁が鉄球で打ち砕かれる。実際に壁によって分断されていたベルリンでこれが上演された時の観客の感動は想像を絶する。でも、今また、壁を築けとトランプたちが叫んでいる。人種や民族の壁を超えて集まってきた人々の国に。

筆者はアイオワ、アリゾナ、サンノゼ、そしてクリーブランドで、さまざまな反トランプ運動を見てきた。でも、このロックンロール・ホール・オブ・フェイムがいちばんだよ！

エピローグ

FOXニュース、リンボー、ナショナル・レビューの凋落

1980年代以降、三つのメディアがアメリカの保守のオピニオン・リーダーを担ってきた。テレビはFOXニュース、ラジオはラッシュ・リンボー、雑誌は「ナショナル・レビュー」。しかし、トランプによって彼らの時代はもう終わった。

セクハラで自滅したキング・メイカー

まずFOXニュースの終わりについて。

1980年の大統領選でロナルド・レーガンのメディア顧問だったロジャー・エイルズ(76)がCEOを務める共和党のプロパガンダTV局。2004年のブッシュ大統領再選にも大きく貢献し、エイルズは共和党のキング・メイカーと呼ばれた。ところが今回は、共和党の外側からトランプが出てきた。FOXは全社一丸となってトランプを酷評し、T

V討論会でもトランプを徹底的に攻撃した。特に、トランプからビンボー（頭カラッポ女）とバカにされたFOXの看板キャスター、メギン・ケリーは、トランプの女性蔑視を果敢に糾弾した。そんなケリーをFOXの敵であるマイケル・ムーアやヒラリーは賞賛した。

4月、トランプの予備選の勝利は確実になった。NYのトランプ・タワーにメギン・ケリーが入っていく姿が目撃された。5月にFOXはケリーとトランプのなごやかな対談を1時間も放送した。ロジャー・エイルズとFOXがトランプに屈したのだ。

エイルズの運はそこで尽きた。共和党大会を目前にした7月6日、FOXのキャスターでミス・ユニバースのグレッチェン・カールソン（50）がロジャー・エイルズを訴えた。11年キャスターを務めたカールソンにエイルズは「私たちはもっと早くセックスして

「ヴァニティフェア」誌のカバーストーリー「メギン・ケリーに手を出すな」

おくべきだった」と性的関係を強要、拒絶したカールソンを解雇したのだ。これをきっかけに、同じようなことをされた女性職員たちが次々と名乗りを上げた。メギン・ケリーもその一人だった。エイルズのボス、ルパート・マードックはエイルズに辞職を命じた。後任を決めないまま。

しかし、FOXニュースというメディアは実は既に墓場に向かっていた。視聴者の平均年齢が67歳だからだ。彼らはどんどん死んでいくし、大きな買い物をしないので、自動車などのスポンサーがつかず、広告収入は減る一方だった。

FOXニュース会長兼CEOロジャー・エイルズ辞任を伝える「NYポスト」

トランプにお株を奪われた罵倒ラジオの帝王

同じ問題をラッシュ・リンボーも抱えていた。リンボーは全米で最大のリスナー数（1

300万人）を誇るラジオ・パーソナリティ。ガマガエルのようなダミ声でリベラルを罵倒し、「黒人なんて人口の12％しかいないんだから気にするな」と人種差別発言を繰り返し、クリントンの娘チェルシーを「ブス」と侮辱して保守的リスナーを喜ばせた。

96年の選挙で共和党が上下院の過半数を超える大勝利を得たのは、ラッシュ・リンボーによる民主党叩きのおかげだと言われた。2008年には全米に彼の番組を配信するアイ・ハート・メディアと交わした契約金は8年間で4億ドルという記録的な額だった。

放言で人気を博した右派・タカ派のラジオ・パーソナリティ、リンボー

それがリンボーのピークだった。以降、聴取率は落ち始め、14年にはニューヨークで22位、ロサンゼルスで37位まで下落して、放送を打ち切られてしまった。原因はやはりリスナーの高齢化。また、リンボーがあまりに差別的な発言が多いので、イメージを気にして大手のスポンサーが離れていった。さらにダメ押しでアイ・ハート・

メディアも経営が破綻した。

そしてトランプが登場した。ダミ声も差別も、みんなリンボーから盗んだものだった。リンボーよりも下品なことを言う候補者が出てきたら、もうリンボーの役割は必要ない。トランプ旋風の陰で、リンボーのラジオの聴取率は落ち続けた。

FOXとリンボーの凋落は、テレビとラジオというメディアそのものの衰退とも関係している。右翼トーク・ショーの舞台は既にインターネットに移ってしまっているからだ。

トランプの陰謀論の元ネタ、アレックス・ジョーンズ

ネットは数えきれないほどの右翼サイト、YouTube、ポッドキャストであふれている。ガマガエル声まで含めて、次世代のラッシュ・リンボーと言われているのはアレックス・ジョーンズ(42)。テキサス州オースチンのローカル・ラジオ局の政治トーク番組で、「9・11テロはイラク戦争をするためのブッシュ政権の自作自演だ!」と叫んで全米の注目を集め、現在はインフォ・ウォーズ(情報戦争)というネット・チャンネルで、共和党も民主党も、ジョージ・ソロスをはじめとするユダヤ系大富豪たちの国際的ネット

ワークに支配されていると主張している。典型的なユダヤ陰謀論者だ。みんな「乱射事件はみんな、銃の取り締まりを強化するためにオバマが仕組んだ芝居だ。みんな役者で、本当は誰も死んでない」など、無茶苦茶なデマをまき散らしているジョーンズだが、視聴者数は週に800万人、有料会員や広告料などで推定年収500万ドル以上。たいした陰謀論成金だ。

このアレックス・ジョーンズの陰謀論が、トランプのスピーチの元ネタらしい。

トランプはかつてトランプ大学なるものを創立したが、すぐに畳んでしまい、学費詐欺として訴訟になっている。この裁判の担当判事はメキシコ系なので、トランプは「私がメキシコ系を攻撃しているから、判事は私を有罪にしたいのだ」と言いだして顰蹙を買った。トランプはアレックス・ジョーンズが自分の番組で語ったことをそのまま言っただけだった。また、カリフォルニアでは何年も雨が降らずに水不足が続いているが、トランプは「干魃なんて嘘だ。環境保護庁は絶滅危惧種のワカサギのために水を隠してるんだ」と演説して当局を怒らせた。これもアレックス・ジョーンズが言い出した陰謀論だった。

アレックス・ジョーンズもトランプを熱烈に支援し、共和党大会では「ヒラリーを刑務所に」と書いた吹き流しを引っ張る飛行機を飛ばしたり、ビル・クリントンの顔に「RA

PE」と書いたTシャツを売ったり、資金力を無駄に誇っていた。

さらにジョーンズは常時ビデオ・カメラを持って会場周辺を移動し、反トランプ派の集会に殴り込みをかけて、誰も押してないのに転んで「ぼ、暴力をふるわれたー！」と騒いだり、コントのようなパフォーマンスを次々にネット配信した。クリーブランド空港では偶然見つけたカール・ローヴをビデオカメラで追いかけまわした。ローヴは選挙の裏工作のプロ、汚い噂やデマを駆使してジョージ・W・ブッシュを大統領にした男だ。その「ブッシュの脳みそ」は、今回、スーパーPACを指揮して反トランプ・キャンペーンを張ったが、まったく効き目はなかった。ローヴの神通力も失われた。そう揶揄していたアレックス・ジョーンズが、自分を無視し続けるローヴの肩についに手をかけた。

「触るな！　私に二度と触るな！」

泣きそうな顔でローヴはカメラに向かって怒鳴ると、走り去っていった。その後ろ姿は共和党の一時代の終わりを象徴していた。

保守論壇誌「ナショナル・レビュー」のトランプ・ブーメラン

もうひとつ、共和党の一時代を築いたメディアが終わった。保守論壇誌「ナショナル・レビュー」だ。先述したように、「ナショナル・レビュー」誌は、新自由主義などの保守思想を紹介し、80年代のレーガン政権から2000年代のブッシュ政権へと続く「保守体制」の思想的基盤を築いた。その「ナショナル・レビュー」が予備選の投票が始まる直前の1月21日発売号で「アゲインスト・トランプ（反トランプ）」と題する総力特集を行った。アメリカの保守思想を代表する論客約20人が、絶対にトランプを大統領候補にしてはいけないと訴えたのだ。

「ナショナル・レビュー」誌の「アゲインスト・トランプ」特集

「トランプはサナダムシのように共和党の内部に入り込んでしまった」

世界的なベストセラー小説『ウィンターズ・テイル』の著者マーク・ヘルプリンは嘆く。保守系シンクタンク「カウンシル・オン・フォーリン・リレイションズ」の一員でもあるヘルプリンは「トランプに核ミサイルのボタンを任せるくらいなら、ブリトニー・スピアーズのほうがましだ」という。「トランプは何も知らない。憲法も歴史も政治哲学も戦略も外交も経済も、庶民の生活も」でも、そのへんはレーガンもジョージ・W・ブッシュも知らなかったと思うよ。

特にレーガンは、専門的な知識が何もない自分を「政治エリートではない庶民の味方」というセールス・ポイントに転換して成功した。トランプもまた「私はポリティシャンではない」を売り文句にしている。ポリティシャンは「政治家」という意味だが、この場合、「政治屋」というネガティヴなニュアンスだ。

グレン・ベックも寄稿している。ベックはFOXニュースで最高の人気を誇った右派コメンテイター。「オバマは黒人至上主義だ」「オバマ政権は環境保護の名目で私有地を国有化しようとしている」などと騒いでティーパーティ運動を扇動したデマゴーグの一人でもある。

「ティーパーティ運動に火をつけたオバマの政策は三つ。まず景気刺激政策。次に破綻したGM（ジェネラル・モーターズ）を政府の金で救済したこと。そして08年の金融危機で破綻した金融機関を公的資金で救済したことだ」

この三つにトランプが賛成していることが問題だとベックは言う。なぜなら三つとも共和党の政治綱領である「小さな政府」に反しているから、と。

だが、オバマの景気刺激政策は成功した。GMは見事に再生し、順調に業績を上げている。三つめの金融機関の救済だが、それはオバマではなく、ブッシュ政権が率先してやったことだ。共和党は福祉を削減し、GM救済に反対したが、税金で大銀行を救済した。確かに国民が怒っても当然だ。

こんな風に、この特集のトランプ批判は、ブーメランのように彼ら自身に跳ね返ってくる言葉ばかりだ。

たとえばデヴィッド・ボーズは「トランプのネイティヴィズム（移民排斥）は、左右を問わず共有するアメリカの伝統に反する」と書いている。ボーズは、コーク兄弟が出資する保守系シンクタンク「ケイトー財団」の副会長で『リバータリアン』などの著書がある。ボーズはいう。「アメリカが世界において例外的だったのは、すべての人々に自由と幸福の追求を保障したことだ」

だが、移民排斥はトランプが出てくる前からの共和党の体質だ。

06年、共和党の重鎮ジョン・マケイン上院議員は「我々はすべて移民だ」といって民主党のテッド・ケネディ上院議員と超党派で協力して、不法移民に市民権を与える法案を作成した。ところが共和党の議員は挙党でこれを拒否した。キューバ移民の息子マルコ・ルビオ上院議員がやはり民主党と超党派で作成した不法移民の市民権獲得法案も、共和党が潰した。

「トランプは保守ではない」

そう書くのはメディアのリベラル偏向をチェックする保守系団体メディア・リサーチ・センターの創始者L・ブレント・ボーゼル。

「なぜなら他の共和党候補を罵倒するからだ」

ボーゼルは70年代の新保守運動のリーダーの一人、リチャード・ヴィグリーの言葉「保守かどうかは、我々と共闘するかどうかで決まる」を引用する。左翼が細かな信条の違いで対立分裂しやすいのに対して、右翼は小異を捨てて大同につく形で一致団結することが多いといわれる。レーガンも「共和党員は他の共和党員を攻撃しない」という「共和党の11戒目」を提唱した。

だが、共和党の内ゲバはトランプが初めてではない。テッド・クルーズらティーパーティ議員たちは共和党のベテランの議員たちを「RINO（名前だけ共和党）」「穏健すぎる」と攻撃して彼らの議席を奪った。トランプはそのやり方を真似ただけだ。

「保守の意味を辞書で引いてみろ」

ロサンゼルスの右派トーク・ラジオのDJ、マイケル・メドヴェドはそう言う。「そこには『伝統的な様式やマナーを重んじること』と書いてある。トランプと逆じゃないか。トランプの下品で威嚇的で意地の悪い話し方は、長い間、リベラルが押し付けてきた保守のステレオタイプそのものじゃないか」

そのイメージはリベラルが押し付けたわけじゃない。たとえば、10年、オバマケアに反対するティーパーティ運動家たちが、議事堂前に押し寄せ、民主党議員に差別的な罵声を浴びせる姿がテレビで報道された。ゲイを公言しているバーニー・フランク議員には「カマ野郎!」、アフリカ系のJ・B・クライバーン議員には「ニガー!」、メキシコ系のシロ・ロドリゲス議員には「ウェットバック(不法移民)!」と。

「ナショナル・レビュー」のトランプ批判は保守の抱える問題点を自らさらけ出すものでしかなかった。そして、総力を挙げたこの特集はトランプの支持率になんの影響も与えることができなかった。「ナショナル・レビュー」の時代も終わったのだ。

共和党がトランプを作った

大統領候補の一人だったテキサス州知事のリック・ペリーは「トランプはデマと悪意とナンセンスのミックスだ」と言った。たしかにトランプは「オバマはケニア生まれだ」というデマを叫びながら共和党予備選に登場した。だが、そのデマを言いだしたのも共和党だ。ハフィントン・ポストの調べによれば16年1月の時点でも共和党支持者の53％がオバマは外国生まれでアメリカ国籍がないと信じている。

08年10月の大統領選でこんなことがあった。ミネソタでのマケイン候補を支持する集会で、年配の女性が「オバマについていろいろ聞きました。彼はアラブ人なんでしょ」。もう一人の中年男性は「オバマが大統領になったら恐ろしい」と言った。聴衆からは「あいつはテロリストだ！」という声も飛んだ。みんな、FOXニュースやラッシュ・リンボーのラジオのデマに煽られた典型的な共和党員だ。マケインは彼らを傷つけないように「言っておかなければなりません。オバマ氏は立派なアメリカ市民で家庭人です」と諭した。「ただ、私とは政策が合わないだけです」

すると聴衆はマケインにブーイングを浴びせたのだ。マケインは暗澹《あんたん》たる気持ちだったろう。票を集めるためとはいえ、共和党はとんでもない衆愚を作り出してしまった、と。

「トランプを作り出したのは共和党自身だ」

そう訴え続けているのはエリック・エリクソン（41）。保守系評論ブログ「レッドステーツ」の創設者でトーク・ラジオのDJも務める、現在、最も若者に影響力のある右派論客ともいわれる。エリクソンは、トランプは「共和党が支持者との約束を破り続けてきたから」生まれたのだと言う。

「約束」とは、まず人工中絶の非合法化、同性婚の禁止、財政の緊縮、不法移民の取り締まり、オバマケアの撤廃……。それらを公約に掲げて共和党の候補者たちは票を集めてきた。そうして、クリントン時代も、ブッシュ時代も、オバマ時代も基本的に議会を多数支配してきた。でも、公約はまるで達成されなかった。

どれも、時代に逆行する、非現実的な公約ばかりだからだ。共和党議員は公約が果たせないのはリベラルのせいだと言い訳する。支持者はそれを信じて辛抱強く、投票し続けた。しかし、何も変わらなかった。

「現代の保守の歴史は、失望と裏切りの連続だった」

E・J・ディオンヌJr.著『なぜ右派は道を誤ったのか／ゴールドウォーターからティーパーティを越えて』にはそう書かれている。「ワシントン・ポスト」紙のコラムニスト、ディオンヌは、60年代から始まった共和党の右傾化の歴史を振り返ってこう言う。「何十年にもわたって共和党が煽り続けた非現実的な期待の頂点でトランプは登場した」マーケティングのプロであるトランプは、共和党支持者のたまりにたまった不満をのみこんで怪物と化し、共和党を内部から食い散らかしている。

ニコラス・クリストフは2月11日付「NYタイムズ」にそう書いた。中国民主化運動のレポートなどで二度のピュリッツァー賞を受賞した国際的ジャーナリストのクリストフも、共和党は「決して満たされることのない非現実な期待」をエサにして、票を集めてきたが、それは「異人種への敵意や恐怖、鬱憤」が詰まった「パンドラの箱をもてあそぶようなこと」だったと書く。その箱から不満の渦がついに噴き出した。共和党にも大富豪にも保守メディアにも手がつけられない。フランケンシュタイン博士が自ら作った人造人間に滅ぼされたように。トランプが本選で勝っても負けても、その後に残るのは、無力さが暴かれた旧保守体制の残骸だろう。

ネット世代の新右翼「オルト・ライト」とは何か？

投票日まで3ヵ月を切った2016年8月中旬、ドナルド・トランプの選挙対策本部長ポール・マナフォートが辞任した。彼は16年の3月にトランプ陣営に加わったばかりだ。マナフォードからマケインまで共和党の大統領候補全員の選対にいた67歳のベテラン。マナフォートはトランプを嫌う共和党主流派を説得するために雇われた。「トランプは予備選を勝つために過激なキャラを演じていただけだ。本選では大統領候補者にふさわしい態度に変える」と言うマナフォートは、「私が失敗しない限りトランプは大統領選に勝つ。そんなに難しい選挙じゃないよ」と自信満々だった。

だがマナフォートは失敗した。

選挙がない時、彼は諸外国の悪名高い政治家のためのロビー活動を仕事にしていた。アンゴラ内戦の右派勢力UNITAを率いたジョナス・サヴィンビ、フィリピンのマルコス、ソマリアのシアード・バーレ、ザイールのモブツ・セセ・セコなど、内戦や革命で国を追われた独裁者たちから金を預かって、それを米国議員にばら撒いて彼らの味方を増やす。顧客の多くは自国民の虐殺や拷問、公金横領で国際指名手配されているような悪党ばかりで、彼らに比べりゃトランプは善人だ。

だがマナフォートは、公金横領で国際指名手配されているウクライナのヤヌコヴィッチ元大統領のロビー活動費としてロシアからの資金を受けとっていた。敵国と金のつながりがある男が選対ではまずい。マナフォートは辞任に追い込まれた。

代わりに選対本部長に選ばれたのはスティーブン・バノンだった。ウェブ・マガジン「ブライトバート・ニュース」の代表である。

これはアメリカの保守の新時代を象徴する事件だ。

デマゴーグ・メディア「ブライトバート」

スティーヴン・バノン（53年生まれ）は、映画監督だった。

バノンは、ハーバード大でMBAを取得してゴールドマン・サックスで働いた後、自ら投資会社を立ち上げ、映画への出資を始めた。バノンが最初に製作した映画は『インディアン・ランナー』（91年）。原作はブルース・スプリングスティーンの歌「ステート・トルゥーパー」。監督はハリウッド俳優ショーン・ペン。その二人とも熱心な民主党支持者なのが面白い。

バノンはシェイクスピア原作、アンソニー・ホプキンス主演『タイタス』（99年）などを製作しながら、04年に『イン・ザ・フェイス・オブ・イーブル／言動におけるレーガンの戦争』を自ら監督した。レーガンがソ連との冷戦に勝利するまでを描くドキュメンタリーだ。これがきっかけでバノンはアンドリュー・ブライトバート（69年生まれ）と知り合った。

ブライトバートは保守系サイト「ブライトバート・ニュース」の主宰者だった。彼は記者としてリベラル系ウェブ新聞ハフィントン・ポストでも働いた経験があるが、「保守のハフィントン・ポストを目指し

「ブルームバーグ・ビジネスウィーク」に右派の陰謀家として特集されたスティーヴン・バノン

て」ブログを立ち上げた。その内容のほとんどはリベラルの個人を標的にしたデマだった。

ブライトバートが最初に注目を集めたのは09年、ACORNの隠し撮りビデオだった。ACORNは都市部の低所得者向けに有権者登録、就業、住居、医療保険について支援する非営利団体だが、保守系ビデオ作家ジョージ・オキーフが、売春婦のヒモに扮してACORNを訪れ、出資の相談を受ける様子をビデオで隠し撮りした。ACORNの係員は「売春は違法なので相談に乗れない」と断ったが、オキーフはACORNが売春を援助しているようにビデオを編集し、それをブライトバートが掲載した。ACORNへの寄付者は激減し、翌年には解散した。ブライトバートは同じ手法で、農務省職員（アフリカ系）を隠し撮りし、彼女が白人には資金援助をしないと言っているようにビデオを編集して掲載した。職員は解雇された。その汚いやり口はFOXニュースが聖人に見えるほどだ。

たまには本当の報道もあった、11年、ブライトバートは、民主党のニューヨーク市長候補アンソニー・ワイナーがネットで知り合った女性に送り付けた自撮りのセルフ・ヌードを入手して掲載した。ワイナーは政界から退く羽目になった。

因業な仕事が祟ったのか、アンドリュー・ブライトバートは12年3月、突然路上で倒れ、心臓発作で死亡した。そしてスティーヴン・バノンがブライトバート社を引き継いだのだ。バノン率いるブライトバートはますます先鋭化し、フェミニストやマイノリティや貧困層や福祉を攻撃するエッセイを増やしていった。

「寝取られ保守」って何？

「ブライトバートはオルト・ライトのプラットフォームだ」バノンは言う。

オルト・ライトAlt-Rightはオルタナティヴ・ライト（今までとは違う右翼）の略。日本では「オルタナ右翼」と呼んだほうがわかりやすいかもしれない。キリスト教福音派や白人至上主義、銃武装主義者、リバータリアンなどの従来の右派とは違う、インターネット時代の右翼のこと。

オルト・ライトという言葉を一般の人が初めて聞いたのは予備選が始まったばかりの15年7月。まず、Cuckservative（クックサヴァティヴ）という謎の単語が突然、SNSにあふれたのだ。

共和党の大統領候補者たちの写真にクックサヴァティヴと書いたコラージュ（ミームと

共和党大統領候補を「寝取られ保守」と揶揄したミーム

呼ぶ）が拡散された。たとえば「移民がアメリカの経済的繁栄を築いてきたのです」と語るジェブ・ブッシュに「クックサヴァティヴ」と書かれている。「アメリカを犯して、メキシコさん」とブッシュが言っているミームもある。エリック・エリクソンなどの保守主流派のジャーナリストにも#Cuckservativeというハッシュタグ付きのツイートが一斉に飛ばされた。

何のことだか最初はわからなかった。だが、クックサヴァティヴという言葉を使うアカウントは必ずトランプ支持を表明していた。

7月29日、ワシントン・ポスト紙がその正体を解明した。

まず、クックサヴァティヴは、カッコウ（鳥）とコンサヴァティヴ（保守）の合成語。カッコウは他の鳥の巣に卵を産んで育てさせることから、英語のCuckooには「妻を寝取られる夫」の意味がある。だからクックサヴァティヴは「寝取られ保守」という意味になる。誰に寝取られるのか？　リベラルやマイノリティだそうだ。つまり不法移民やイスラム教徒に寛容な共和党員に対する攻撃だったわけだ。

「これは共和党や旧来の保守に対する反乱なんです」

「ワシントン・ポスト」紙の取材に対してクックサヴァティヴ運動の参加者の一人、リチャード・スペンサー（78年生まれ）はこう答えた。彼に言わせるとトランプ以外の共和党はみんなクックサヴァティヴだという。でも、反乱って、誰の？

「アイデンティタリアンたちの反乱です」アイデンティタリアンというのは人種や民族的アイデンティティを何よりも重要とする……まあ、白人至上主義が自分のことを呼ぶ時の名前だ。スペンサーは会長を務める「ナショナル・ポリシー・インスティテュート」という団体で、知能指数において白人が最も優れているという「人種的事実」を研究している。

「この運動に私はオルト・ライトと名付けました」

スペンサーは「オルタナティヴ・ライト」という保守系サイトの主宰者でもある。ちなみに筆者はクリーブランドの共和党大会の会場の外でスペンサーと一瞬だけ話している。「アメリカをもっとレイシストに」と書いたプラカードを持って公園に座っていたのだ。レイシストにしてはスーツを着て小奇麗なので「それ、もちろんジョークだよね？」と尋ねると彼は「いや。本気だよ」と微笑んで「アメリカはもっと人種差別的になるといい」と答えたので、やっぱりジョークだと思って通り過ぎてしまったが、ネットで写真を見て彼だと知った。

最も危険なゲイ

オルト・ライトが芽生えたのは、日本の2ちゃんねるを模倣して03年に始まった匿名掲示板4chanだ。4chanは最初、アメリカではエッチなアニメ風の絵の交換に使われていた。アメリカでは児童ポルノとされるヤバいブツだから。そのうちに人種や女性に対するヘイトに満ちた書き込みが増えていった。日本の2ちゃんねるがネット右翼の温床になったのとよく似ている。

4chanという閉じたコミュニティで差別しているうちはまだよかったが、10年頃からツイッターを中心にネット全体に拡大した。黒人やユダヤ人や女性に差別語の罵倒をぶつけたり、セクハラ被害者の身元を特定して顔写真をさらしたり……それも日本と同じか。

彼らは、移民排斥を掲げて登場したドナルド・トランプに熱狂している。トランプを「総統」と呼んでいる者もいる。

アメリカの保守の基盤は素朴なキリスト教徒だったが、オルト・ライトは宗教や伝統と無関係だ。だから人工中絶にも同性愛にも反対しない。なにしろオルト・ライトでいちばんの有名人はゲイなのだ。

ブライトバート・ニュースの記者マイロ・ヤノプルス(32)は自称「最も危険なゲイ」。フェミニスト攻撃が得意で、「女性に科学者が少ないのは脳が男性より劣っているから」と発言し、反論した女性博士を公開討論で言い負かしてオルト・ライトの喝采を浴びた。ツイッターのフォロワーは33万人を超えたが、7月にツイッターを永久追放された。

ヤノプルスは、ハリウッド映画『ゴーストバスターズ』に主演した黒人女性のコメディアン、レスリー・ジョーンズにツイッターで攻撃を仕掛けた。ヤノプルスに誘導されたオルト・ライトなフォロワーたちはジョーンズにゴリラの写真など、人種的、性的に屈辱的なコラージュを送り付けた。ジョーンズも最初はコメディアンらしくジョークで返していたが、ついに心が折れた。「私は涙と悲しみのなかで今夜、ツイッターをやめます」

ツイッター民はジョーンズへの励ましメールを送り、ツイッターのCEOはヤノプルスを処分した。

ヤノプルスは共和党大会の最中にクリーブランドで「トランプを支持するゲイ」というイベントを主催し、トランプ帽をかぶった美少年たちのヌード写真をずらっと展示して共和党の紳士淑女を卒倒させた。

だが、大会の本会場でもゲイの億万長者が登壇した。ピーター・ティール（67年生まれ）。オンライン決済サイトのペイパルの創業者でフェイスブックの最初の出資者でもある。その総資産額は27億ドルといわれるティールは、移民が多いIT業界人で本人もドイツからの移民であるにもかかわらずトランプ支持を表明し、共和党大会で「私はゲイであることを誇りに思います」とスピーチしたのだ。キリスト教福音派の立場から同性愛に反対してきた共和党の歴史を変える瞬間だった。

ピーター・ティール自身はオルト・ライトを名乗っていないが、「女性に参政権を認めたのは歴史的な愚行だった」と書いており、それはオルト・ライトの徹底した反フェミニズム傾向と一致するところだ。

暗黒啓蒙

「トランプはアニメの世界を現実にしてくれるよ」？

ネット全体のニュースサイトにおけるブライトバートの占有率は15年4月にはわずか5・7％だったのが16年7月には9％に倍増している。FOXニュースも、ラッシュ・リンボーも、「ナショナル・レビュー」も、キリスト教福音派すら衰退しつつある今、オルト・ライトが保守のリーダーシップを取るのだろうか。

エリック・エリクソンはオルト・ライトを「キリスト教へのリスペクトを持っていない」と恐れている。オルト・ライトはキリスト教福音派のマイク・ハッカビー候補をクックサヴァティヴと混ぜて「クックビー」と呼んで徹底的にバカにする。宗教や伝統をバックボーンにしない彼らには最低限のルールがない。ドナルド・トランプを批判した評論家がユダヤ系なら、「最終解決（ホロコーストのこと）」とか「ランプシェードにするぞ」とツイートを送り付ける。まるで映画『ダークナイト』のジョーカーのように「すべてはジョークだ」と何もかもバカにして悪ふざけを続ける。だからブライトバート・ニュースのコメント欄は差別語が飛び交って地獄の底のようになっている。

オルト・ライトには他にもいろいろな呼び名がある。たとえばネオ・リアクショナリー（新反動主義者）とか、ダーク・エンライテンメント（暗黒啓蒙）とか。暗黒啓蒙という考えは面白い。中世ヨーロッパは、宗教と身分に縛られた暗黒時代と呼ばれた。啓蒙とは「光で照らす」という意味で、人々が書物を読み、知識を得て、理論的に考え始めたことで、経済活動が活性化し、資本主義が生まれ、民主主義が生まれ、近代になっていった。自由と平等というアメリカ建国の理念もそこから生まれた。ダーク・エンライテンメントはそれを再び中世の暗黒に戻そうというのだ。そこにはヒューマニズムに対する深い絶望が感じられる。

しかし中世じゃ、オルト・ライトは生きていけないだろう。トランプを批判したせいでオルト・ライトにネット上でリンチされた評論家マリス・クライズマンは「なんで彼らはアニメ・アイコンばかりなの？」と当惑していた。実際、トランプ支持者のツイッターのアイコンは『日常』の長野原みおとか『ゆるゆり』の赤座あかりのような、日本の「萌え」アニメのキャラが多い。徹底した女性嫌悪や「寝取られ右翼」という言葉には性的劣等感がにじみ出ている。彼らは人口減少する白人のなかでも、ネット依存で差別的で女性嫌悪の男性というマイノリティなのだ。そんな方々のボスを、ドナルド・トランプは選対本部長に選んだのだ。

オルト・ライトの理論家マイケル・アニシモフは人種隔離の解決法として「アイダホ・プロジェクト」を提案している。人口の9割を白人が占めるアイダホ州を白人国家として独立させるという計画だ。なるほど、トランプもオルト・ライトもみんな一緒にそこに隔離しようよ。

装幀／南雲みどり
装画／HONGAMA
カバー写真／
Donald Trump：©Capital Pictures/amanaimages
Hillary Clinton：©INF/amanaimages

本書は月刊誌・ウェブマガジン「クーリエ・ジャポン」の
連載「ＵＳニュースの番犬」(2012年12月～2016年8月執筆)
をもとに大幅に加筆・修正をしてまとめたものです。
なお、プロローグは「文藝春秋」(2016年5月号)、
「トランプを作った父、ブキャナン、プロレス」は「Wedge」(2016年7月号)、
「サイレント・マジョリティと犬笛政治」は「婦人公論」(2016年7／26号)
に掲載のエッセイを加筆・修正、また改題したものです。

町山智浩
まちやま・ともひろ／1962年東京生まれ。コラムニスト、映画評論家。カリフォルニア州バークレー在住。著書に『トランプがローリングストーンズでやってきた　言霊USA2016』（文藝春秋）、『最も危険なアメリカ映画　「國民の創生」から「バック・トゥ・ザ・フューチャー」まで』（集英社）など。「クーリエ・ジャポン」「週刊文春」など連載も多数。

さらば白人《はくじん》国家《こっか》アメリカ

2016年10月28日　第1刷発行
2016年11月18日　第2刷発行

著　者　町山智浩《まちやまともひろ》
発行者　鈴木 哲
発行所　株式会社 講談社
〒112-8001　東京都文京区音羽2-12-21
出版　03-5395-3522
販売　03-5395-4415
業務　03-5395-3615
印刷所　大日本印刷株式会社
製本所　株式会社国宝社

ISBN978-4-06-220024-0